Holger Mittelstädt

 # Basics
für Junglehrer

Nach der neuesten Fassung
der Rechtschreibregeln –
gültig ab August 2006!

Der **optimale Einstieg**
in den Arbeitsplatz Schule

 *Verlag an der Ruhr*

Impressum

Titel:	**Basics für Junglehrer** Der optimale Einstieg in den Arbeitsplatz Schule
Autor:	Holger Mittelstädt
Illustrationen:	Magnus Siemens
Fotos:	Holger Mittelstädt, außer S. 121: Aris, S. 143: Kerstin Lenz
Druck:	Druckerei Uwe Nolte, Iserlohn
Verlag:	**Verlag an der Ruhr** Alexanderstraße 54 – 45472 Mülheim an der Ruhr Postfach 10 22 51 – 45422 Mülheim an der Ruhr Tel.: 02 08/439 54 700 – Fax: 0208/439 54 239 E-Mail: info@verlagruhr.de www.verlagruhr.de

© **Verlag an der Ruhr 2006**
ISBN 10: 3-8346-0063-6 (bis 12/2006)
ISBN 13: 978-3-8346-0063-9 (ab 2007)

geeignet für die Klasse | 1 | 2 | 3 | ... | 11 | 12 | 13 |

Ich widme dieses Buch allen
mutigen Lehrer-Anfängern,
insbesondere meiner Schwägerin Carola.

Inhaltsverzeichnis

Vorwort

Mit dem ersten Schultag heißt es für Sie: Manege frei! Und Sie werden Fähigkeiten an sich entdecken, von denen Sie bislang noch nichts wussten. In der Hauptrolle als Lehrer[1] werden Sie zudem als Seelsorger, Sanitäter, Sozialarbeiter, Moderator und Manager tätig sein.

Das Buch hilft Ihnen dabei, Antworten auf Fragen und Ungewissheiten zu finden, die Ihnen schon so manches Mal Kopfzerbrechen bereitet haben. Wer ist in der Schule für was zuständig? Wie verhalte ich mich bei Konflikten im Kollegium? Betrugsversuch gleich Note 6? Wie gestalte ich die erste Elternversammlung? Feueralarm – was nun? Wie schreibe ich Zeugnisse? Und … bleibt da noch Zeit für ein Privatleben?

Sicher kennen Sie das Sprichwort: „Lehrer haben vormittags Recht und nachmittags frei!" So spricht zumindest der Volksmund und manchmal auch der Bekanntenkreis. Ärgern Sie sich nicht, sondern empfehlen Sie dieses Buch zum Lesen. Es bietet auch allen Nichtlehrern einen Einblick, mit welchen Fragen und Problemstellungen sich Lehrer herumschlagen.

Denn auch heute gibt es sie noch, die Idealisten. Pädagogen, die sich engagieren, ohne auf die Uhr zu sehen, die modernen Unterricht machen und für ihre Schüler ein offenes Ohr haben. Und fragt man sie nach ihrem Traumjob, hört man sie auch noch nach Jahren sagen: „Lehrer sein ist wirklich ein schöner Beruf!"

Jacqueline Paape, motivierte Junglehrerin

---

[1] Aus Gründen der besseren Lesbarkeit haben wir in diesem Buch
durchgehend die männliche Form verwendet. Natürlich sind damit
auch immer Frauen und Mädchen gemeint, also Lehrerinnen, Schülerinnen etc.

Einleitung

Darf ich Ihnen gratulieren? Gehören Sie zu den Glücklichen, die nach dem Studium und der schulpraktischen Ausbildung (oder heißt das in Ihrem Bundesland Referendariat?) eine Anstellung als Lehrer bekommen haben? Egal, ob befristet oder unbefristet; egal, ob verbeamtet oder angestellt – drin ist drin!

Also, nun haben Sie es geschafft. Sie haben das Studium hinter sich gebracht und dabei nicht alle Ideale aufgegeben, die Sie sich nach Ihrer Schulzeit aufgestellt hatten. Im Referendariat haben Sie dann den Schulalltag kennen gelernt und waren bestimmt ziemlich ernüchtert. Und nun stehen Sie also da und müssen 24 oder 26 oder sogar 28 Unterrichtsstunden jede Woche vorbereiten und geben.

Je besser Sie sich auf diese neue Situation einstellen, umso leichter wird sie Ihnen fallen. Klar, nicht alles ist vorhersehbar. Nicht alles ist planbar. Aber trotzdem ist es wichtig, beruhigend und manchmal wahnsinnig erleichternd, wenn einige Dinge im Vorfeld geklärt sind.

Nehmen Sie sich also dieses Buch, lesen Sie es von vorne bis hinten durch, und gehen Sie dann, mit dem Buch unterm Arm, zu Ihrem neuen Schulleiter (oder alternativ zu anderen Kollegen), lesen Sie ihm jede einzelne Frage, die ich hier anschneide, vor, und notieren Sie dann gewissenhaft und penibel jede einzelne Antwort.

Sie können aber auch diese Methode wählen: Lesen Sie kreuz und quer durch das Buch und machen Sie sich die eine oder andere Fragestellung bewusst. Das hilft oft schon für den Einstieg an einer neuen Schule.

Oder Sie wählen einen Weg, der irgendwo zwischen den beiden eben beschriebenen liegt. In diesem Buch sind viele Situationen beschrieben, in die Sie am Anfang des Berufslebens geraten können. Manche Begebenheiten scheinen Ihnen aber bestimmt auch absurd. Wie dem auch sei, Sie ahnen ja gar nicht, was noch alles passiert. Am Anfang werden sehr viele neue Eindrücke und Erlebnisse auf Sie zukommen. Sie werden viele Informationen erhalten und vielleicht Sorge haben, dass Sie sich gar nicht alles merken können und dann daraus Fehler resultieren. Die Fragen, die dieses Buch aufwirft, sollen Ihnen zeigen, was Sie zu erwarten haben, sie sollen Sie aber auch dazu anregen, selber Fragen zu stellen.

Zahlreiche Checklisten, Tabellen und Formulare können Sie sich kopieren und ausfüllen oder einfach nur als Anregung für eigene Checklisten verwenden.

Im **ersten Kapitel** des Buches erfahren Sie, was Sie über die neue Schule und deren Personal wissen müssen. Außerdem zeige ich Ihnen einige Fettnäpfchen, die Sie unbedingt auslassen sollten.
Das **zweite Kapitel** befasst sich konkret mit Ihrem Fachbereich bzw. mit Ihren Fachbereichen (z.B. schulinterne Curricula, Schulbücher, Klassenarbeiten usw.).
Das **dritte Kapitel** nimmt Sie an die Hand, wenn Sie das erste Mal Klassenleiter sein sollten. Hier kommen viele neue Aufgaben auf Sie zu, mit denen Sie sich vielleicht während des Studiums und Referendariats noch nicht so ausführlich beschäftigt haben.
Im **vierten Kapitel** geht es um Ihre eigene Organisation. Hier finden Sie Vorschläge dazu, wie Sie Ihren eigenen Schulalltag, Ihre Termine, Ihre Materialien und natürlich auch Ihre Unterrichtsvorbereitung organisieren können.
Im **Anhang** finden sie außerdem ein ausführliches Stichwortverzeichnis, in dem Sie nachschlagen können, wenn Sie etwas mal ganz genau wissen möchten.

Und nun wünsche ich Ihnen viele hilfreiche Anregungen für einen bedeutenden, neuen Lebensabschnitt.

Kapitel

1 In der neuen Schule

„ Und jedem Anfang
wohnt ein Zauber inne. “

Hermann Hesse

1.1 Allgemeine Infos über die Schule

*Robert W. ist Sozialkundelehrer und glücklich, eine unbefristete
Stelle bekommen zu haben. Leider musste er dazu in ein an-
deres Bundesland umziehen. Aber die viel gepriesene neue
deutsche Mobilität hat eben auch ihre Schattenseiten ...
Am ersten Schultag fährt Robert W. also beschwingt zur neuen
Schule, parkt sein Auto und begibt sich auf die Suche zum
Lehrerzimmer. Ziellos eilt er viele Minuten durch die Gänge.
Irgendwann trifft er einen Kollegen, der ihm den Weg zeigt.
Im Lehrerzimmer angekommen, hält er zunächst Ausschau
nach einem freien Sitzplatz. Er setzt sich zu einem jungen
Kollegen, der ihm sympathisch erscheint. Dieser weist ihn
höflich, aber auch sehr bestimmt darauf hin, dass dieser
Platz der Kollegin Sch. gehört. Robert W. steht hastig auf und
schaut sich verwirrt um: Wo soll er sich jetzt hinsetzen? Wo
seine Tasche abstellen? In diesem Moment kommt der Direktor
mit hochrotem Kopf ins Lehrerzimmer geeilt: „Wer bitte hat
auf meinem Parkplatz geparkt?" Robert W. meldet sich klein-
laut und bittet um Entschuldigung: „Aber ich konnte doch nicht
wissen ...!" Der Direktor bittet ihn, schnellstens seinen Wagen
von seinem Parkplatz zu entfernen. „Na, das geht ja gut los
mit Ihnen!", hört Robert W. eine Kollegin sagen.[2]*

Wenn Sie an einer für Sie unbekannten Schule neu beginnen, sollten
Sie sich schon vorher über diese Schule informieren, ihr auch vorher
einen Besuch abstatten, damit Ihnen das oben Beschriebene und auch
andere Fettnäpfchen vielleicht erspart bleiben. Viele von den so genannten ungeschriebenen Gesetzen an Ihrer Schule werden Sie erst
nach und nach herausfinden, dennoch gibt es zahlreiche andere peinliche Situationen, die Sie durch eine gründliche Recherche im Vorfeld
umgehen können (vgl. Checkliste 1).

---

[2] Die im Buch geschilderten Ereignisse sind ebenso frei erfunden wie die auftretenden Personen.
Jede Ähnlichkeit mit tatsächlichen Begebenheiten oder realen Personen kann nur auf einem
Zufall beruhen.

Wo erhalten Sie Informationen über Ihre neue Arbeitsstelle?

▶▶ Die meisten Schulen haben inzwischen eigene **Homepages**. Diese werden zwar nicht immer gründlich aktualisiert, trotzdem lohnt sich ein Klick. Im Internet finden sich auch Schulverzeichnisse, mit denen die Schulhomepages verlinkt sind (z.B. www.bildungsserver.de). Auf der Schulhomepage erfahren Sie das Wichtigste über die Schule (Schwerpunkte und Aktivitäten in der Vergangenheit, geplante zukünftige Entwicklungen). Wenn die Homepage Ihrer neuen Schule nicht regelmäßig aktualisiert wird, ist das vielleicht eine schöne Aufgabe für Sie. Nach meiner Erfahrung hat sich für diese Arbeit ein einfaches Content-Management-System wie www.innolino.de bewährt.

▶▶ Recherchieren Sie im Internet nach Ihrer Schule, z.B. auf Medienseiten. Schauen Sie in den Online-Archiven der örtlichen **Presse** nach, wie sich Ihre Schule nach außen hin verkauft. Suchen Sie unter http://news.google.de oder www.paperball.de nach aktuellen Pressemitteilungen. Suchen Sie auch nach Links, die auf die Homepage Ihrer Schule verweisen (bei www.google.de in der Suchmaske z.B. „link: www.goethe-gymnasium.de" eingeben).

▶▶ Die Schule selbst kann Ihnen natürlich Informationen geben. Viele Schulen haben eigene **Broschüren**, in denen sie sich vorstellen. Fragen Sie im Sekretariat danach. Der zuständige Schulträger oder die Schulaufsicht veröffentlicht eventuell regelmäßig eine Broschüre, um Eltern die Schulwahl zu erleichtern. Auch die Stadt oder der Landkreis ist als Ansprechpartner wichtig.

▶▶ **Zeitschriften** wie „Eltern" oder „Focus Schule" veröffentlichen jährlich in Sonderdrucken Schulen mit deren Profil. Diese Publikationen sind eigentlich für Eltern gedacht, um ihnen die Schulwahl zu erleichtern, aber auch Sie können davon profitieren.

▶▶ Statten Sie der neuen Schule vor Dienstantritt einen **Besuch** ab. Es ist äußerst interessant, Stimmungen aufzufangen, sich ein Bild zu machen, vielleicht einfach nur die Fahrstrecke zu testen oder den Weg vom Parkplatz zum Lehrerzimmer zu kennen.

▶▶ **Hören Sie sich um.** Sprechen Sie mit Vertretern der Behörde, die Sie einstellt. Reden Sie mit Leuten aus der Nachbarschaft, vielleicht später mit Eltern, die Sie beim Einkaufen treffen. Versuchen Sie, etwas über das Image Ihrer Schule zu erfahren.

Was sollten Sie im Voraus über die Schule in Erfahrung bringen?

▸▸ Das Wichtigste ist wohl das Profil der Schule. Dazu gehören die unterrichtlichen und außerunterrichtlichen Angebote (Fächer und Arbeitsgemeinschaften).

▸▸ Wie viele Lehrer unterrichten wie viele Schüler?

▸▸ Wo werden in der pädagogischen Arbeit Schwerpunkte gesetzt (Leitbild der Schule, Schulprogrammarbeit)?

▸▸ Aus welchem Einzugsgebiet kommen die Schüler? In welchem sozialen Umfeld befindet sich die Schule?

Checkliste 1:
„Allgemeine Infos über die Schule"

Wo finde ich Informationen über die Schule?	✓
Homepage	
Andere Quellen (Internet, Zeitschriften)	
Schulbroschüren (auch von überregionalen Stellen)	
Besuch, Umhören	
Was sollte ich wissen?	✓
Profil der Schule, Fächer und AGs	
Größe der Schule	
Pädagogische Schwerpunkte	
Soziales Umfeld und „Klientel" der Schule	

Historie (Namenspatron etc.)

Versuchen Sie, etwas über die Entwicklung Ihrer Schule herauszufinden (Checkliste 2). Oft gibt es in einer Schule viele eingespielte Vorgänge, die sich aufgrund der Historie der Schule erklären lassen.

▸▸ Wann und warum wurde die Schule gegründet?

▸▸ Gab es in der Geschichte der Schule einschneidende Veränderungen, die heute noch eine Rolle spielen, z.B. Schulzusammenlegungen, Umbenennungen, Schulneubau, Veränderungen im Profil.

▸▸ Wie haben sich Schüler- und Lehrerzahlen in den letzten Jahren entwickelt? Ist daraus eine Tendenz abzulesen?

Wenn Sie Glück haben, gab es an Ihrer Schule erst vor Kurzem ein Jubiläum, aus dessen Anlass eine **Festschrift** publiziert wurde. Lassen Sie sich diese im Sekretariat geben, und studieren Sie sie gründlich. Vielleicht wird auch von der Schulleitung oder einem Lehrer fortlaufend eine Schulchronik/Jahresheft geschrieben. Lesen Sie nach! Viele Schulen geben inzwischen auch regelmäßig ein Jahrbuch heraus. Da kann Ihnen bestimmt die Schülervertretung weiterhelfen.

Sie müssen natürlich kein Fachmann für die historische Schulentwicklung Ihrer Schule werden. Sie müssen auch nicht versuchen, Ihr erworbenes Wissen Tag für Tag an den Mann zu bringen (bzw. an den Kollegen, der schon seit 20 Jahren hier ist und „doch eigentlich alles wissen müsste ...“). Manchmal ist es jedoch hilfreich, sich in grobem Rahmen mit der Entwicklung der Schule auseinander gesetzt zu haben.

Wenn Sie auf Informationssuche über Ihre Schule sind, bedenken Sie auch, dass Ihre Schule, wenn Sie einen Namen hat, diesen wahrscheinlich mit Bedacht und nicht ohne Grund trägt. Manchmal ist eine Schule glücklich über ihren Namen, manchmal kann sie sich mit ihm nicht richtig identifizieren. Ich selber war an einer Schule, die einst den Namen Manfred von Richthofens trug und nach dem Zweiten Weltkrieg in Friedrich-Engels-Schule umbenannt wurde. Aber eine wirkliche Bedeutung für den Schulalltag erwuchs daraus nie.

Wie dem auch sei. Informieren Sie sich über den Namen Ihrer Schule. Schauen Sie in Enzyklopädien nach. Und dann überlegen Sie, welche Bedeutung der Schulname für die Schule haben könnte. Meistens ist diese Information bereits der Homepage der Schule zu entnehmen.

Checkliste 2:
„Historie der Schule"

Historie	✓
Schulgründung	
Besondere Entwicklungen/Veränderungen: Neubau, Zusammenlegungen, Umbenennungen, Profil der Schule	
Entwicklung der Schüler- und Lehrerzahlen	
Name der Schule	✓
Wieso hat die Schule diesen Namen?	
Ggf.: Warum hat die Schule keinen Namen?	
Welche Bedeutung hat der Schulname für die Schule?	

Leitbild, Schulprogramm und Evaluation

Für Robert W. geht's an seiner neuen Schule direkt los. In den ersten Wochen finden immer alle wichtigen Sitzungen statt, vor allem die Schulprogrammsitzung. Schwerpunkt soll hierbei die Schulentwicklung, das Leitbild der Schule und ein neues Evaluationsmodell für die Schule sein. Robert W. will in diesen Sitzungen natürlich glänzen. Er macht sich schlau und findet Folgendes heraus ...

Die Zeitschrift „Die ZEIT" untersuchte vor einiger Zeit, welche pädagogischen Neuerungen seit dem PISA-Schock in den deutschen Schulen landauf, landab Einzug gehalten haben. Nicht jede Neuerung hat in allen Bundesländern den gleichen Namen, deswegen besteht auch eine deutliche Begriffsverwirrung. Einiges hat sich jedoch durchgesetzt. Folgende **Neuerungen** wurden untersucht:

- Zentralabitur
- 12 Jahre bis zum Abitur
- Deutschkurse bei Bedarf
- Fächerübergreifender Unterricht
- Flexible Schuleingangsphase
- Ganztagsschulen
- Schulprogramm
- Sitzenbleiben abschaffen
- Lernzielvereinbarungen
- Vergleichsarbeiten
- Nachweis für Lehrerfortbildung
- Bachelor und Master für Lehrer

(siehe auch www.zeit.de/2004/37/B-Glossar_Schule)

Schulen sollen sich ein eigenes **Schulprogramm** geben. Fast alle Bundesländer haben das inzwischen in ihren Schulgesetzen festgeschrieben. Was beinhaltet ein Schulprogramm? Schulen, die ein Schulprogramm haben, halten für sich selber fest, welche pädagogischen Schwerpunkte sie, über die Vorgaben der Rahmenpläne hinaus, setzen wollen. Sie bestimmen in ihrem Schulprogramm Ziele, die in einem bestimmten Zeitrahmen erreicht und überprüft werden sollen. Das Schulprogramm entsteht gemeinsam unter der Mitwirkung von Schulleitung, Lehrern, Schülern und Eltern.

Ein Schulprogramm beinhaltet beispielsweise folgende Punkte:

- Selbstverständnis der Schule
- Erzieherisches Leitbild
- Gestaltung der Zusammenarbeit mit Eltern und innerhalb der Schulgemeinde
- Schulinterne Arbeitsstrukturen und -verfahren
- Unterrichtliche Ziele und Verfahren
- Gestaltungen des Schullebens
- Fortbildungsplan für die Lehrer

Der Weg, den eine Schule geht, um ein **Schulprogramm** zu entwickeln, kann sehr unterschiedlich sein. Zum Beispiel:

▸▸ Oft wird zur Entwicklung eines Schulprogramms eine **Steuergruppe** eingesetzt, die den gesamten Prozess organisatorisch leiten soll. Diese ist mit Lehrern, Eltern und Schülern besetzt.

▸▸ Bei der Abfassung eines Schulprogramms steht am Anfang immer die **Bestandsaufnahme**. Hier wird festgestellt, welche wertvolle Arbeit an den Schulen bereits gemacht wird. Darüber hinaus wird aber auch untersucht, wo es Probleme gibt. Es kann eine so genannte Stärken-Schwächen-Analyse durchgeführt werden. In die Bestandsaufnahme gehören auch die Daten und Fakten einer Schule (Schülerzahlen, soziales Umfeld), um die Grundlagen für eine sinnvolle Evaluation zu schaffen. Inzwischen gibt es zahlreiche Instrumente (Methoden), diese Bestandsaufnahme durchzuführen. Die Institute an deutschen Universitäten, die sich mit der empirischen Schulentwicklung beschäftigen, und Stiftungen (z.B. die Bertelsmann-Stiftung) haben solche Instrumente entwickelt (siehe z.B. www.Das-macht-Schule.de).

▸▸ Nach der Bestandsaufnahme folgt die Abfassung von **Leitlinien**. Diese Leitlinien sind das Konzentrat der pädagogischen und organisatorischen Arbeit an einer Schule. Sie sollten die Grundausrichtung der Schule verdeutlichen und so formuliert sein, dass sie „neuen" Eltern einen ersten Einblick in die Tätigkeit einer Schule vermitteln.

▸▸ Sind die Leitlinien formuliert und von allen entscheidenden Gremien einer Schule beschlossen (z.B. Schulkonferenz, Lehrerkonferenz, Elternkonferenz), werden sie dann durch die Ergänzung mit praktischen und umsetzbaren **Zielen** zum Schulprogramm erweitert.

▸▸ Das Schulprogramm ist kein statischer Text, der, einmal geschrieben, nie mehr verändert werden darf. Vielmehr geht es darum, das Schulprogramm den Tatsachen anzupassen und fortzuschreiben.

Das Schulprogramm muss regelmäßig überprüft werden: Welche Ziele wurden erreicht, welche nicht? Das nennt man dann **Evaluation**. Man unterscheidet heute die interne und die externe Evaluation. In einigen Bundesländern werden für jede Schule Lehrer fortgebildet, die dann als Evaluationsberater die interne Evaluation durchführen sollen. Zur internen Evaluation gehört neben der Überprüfung der Umsetzung des Schulprogramms auch die Unterrichtsevaluation.

Die Auswertung des eigenen Unterrichts ist für Sie als Junglehrer von großer Bedeutung. Auch wenn Sie nicht mehr wissen, wann Sie neben Unterrichtsvorbereitung und Korrekturen dafür noch Zeit finden sollen. Die Unterrichtsevaluation wird Ihnen wichtige Anregungen für die Planung Ihres Unterrichts geben (siehe Kap. 3.2 „Unterrichtsevaluation").

Wenn Sie sich näher mit dem Thema Schulentwicklung beschäftigen wollen, empfehle ich Ihnen als Einstieg das „Praxishandbuch Schulentwicklung" von G. Eikenbusch, Cornelsen Scriptor, 1998, ISBN 3-589-21106-7.

In vielen Bundesländern gibt es inzwischen auch die **Schulinspektion** (oder Schulvisitation o. Ä.). Hierbei wird die Schule als Ganzes von außen evaluiert. Konkret heißt das: Ein Team von Lehrern und anderen Fachleuten, die keinen persönlichen Kontakt zu der Schule haben, besuchen die Schule einige Tage. Es finden Unterrichtsbesuche statt (ohne dass einzelne Lehrkräfte beurteilt werden), und es werden Gespräche mit der Schulleitung, Lehrern, Eltern und Schülern geführt. Umfragen und die Auswertung von Schuldaten runden das Bild ab, auf dessen Grundlage dann ein Inspektionsbericht geschrieben und gemeinsame Ziele wischen der Schulleitung und der Schulaufsicht vereinbart werden.

Eine weitere Neuerung besteht darin, dass Schulen im Rahmen der fortschreitenden Selbstständigkeit die Verantwortung für Finanzen und Personal übernehmen (**„selbstständige Schule"**). Das bedeutet: Schulen verwalten ihre Gelder selbst und können nach ihrem ganz spezifischen Bedarf Stellen ausschreiben („Schulscharfe Ausschreibungen") und Lehrer einstellen. Soweit der Schnellkurs in Sachen Schulentwicklung (vgl. auch die Checkliste 3).

Warum müssen Sie das alles wissen, wenn Sie neu in den Schuldienst kommen? Die Öffnung und die Anpassung der Schule an die gesamtgesellschaftlichen Entwicklungen werden in Zukunft eine bedeutendere Rolle spielen als früher. Gut, wenn man dafür gewappnet ist. Außerdem sollten Sie sich darüber informieren, wo im Schulentwicklungsprozess Ihre neue Schule steht. Was ist eingerichtet? Was ist geplant? Möchte ich mich selbst bei der Arbeit einbringen?

Checkliste 3:
„Leitbild, Schulprogramm und Evaluation"

Was gibt es an der Schule, und wer ist zuständig?	Name	✓
Bestandsaufnahme zum Schulprogramm		
Entwicklung eines Leitbildes		
Allgemeine Schulprogrammarbeit		
Unterrichtsevaluation		
Schulevaluation		
Externe Evaluation		
Selbstverwaltung der Finanzen		
Personalentwicklung (z. B. Schulscharfe Ausschreibungen)		
Ressourcenbeschaffung		

Aufbau und Organisation

Robert W. bekommt direkt zum Neustart auch noch eine Klassenleitung aufgedrückt, eine 5. Klasse. Also ebenso Neulinge an der Schule wie er. Er lädt die Eltern seiner Klasse zu einem ersten Elternabend ein. Robert W. hat sich zwar gründlich auf diesen Abend vorbereitet, aber die Fragen der Eltern sind schon sehr speziell: Wann kann mein Sohn welche Fächer abwählen? Gibt es an der Schule auch Konfliktlotsen? In welcher Form macht diese Schule an dem Pilotprojekt „Lernkompetenz" mit? Robert W. kann nur noch mit den Schultern zucken.

Egal, an welchem Schultyp Sie arbeiten, so leicht durchschaubar, wie es auf den ersten Blick scheint, ist die Struktur Ihrer Schule nicht (vgl. Checkliste 4). Und denken Sie daran: Selbst wenn Sie irgendwann durchblicken, Eltern tun das eventuell noch nicht. Schließlich sind Eltern ja nicht wie Sie jeden Tag vor Ort.

Klären Sie als Erstes die einfachsten Fragen:

▸▸ Mit welchen Abschlüssen und nach welcher Klassenstufe können die Schüler die Schule verlassen?

▸▸ Wann kommen die Schüler zu Ihnen? Wann verlassen sie Ihre Schule, die dann hoffentlich auch ihre Schule ist, wieder?

▸▸ Vielleicht gibt es unterschiedliche Zweige an Ihrer Schule (z.B. einen bilingualen Zweig), dann gibt es ggf. auch unterschiedliche Aufnahmebedingungen.

▸▸ Welche Sprachen werden in welcher Klassenstufe begonnen und beendet?

▸▸ Wie sieht es mit den Naturwissenschaften aus? Denken Sie an Physik, Chemie, Biologie. Auch hier gilt die Frage: Wann werden diese Fächer unterrichtet?

▸▸ Gibt es bestimmte Zwänge bei Fächerkombinationen, die eingehalten werden müssen, um bestimmte Abschlüsse zu erreichen (z.B. das Latinum)?

▸▸ Können die Schüler das Fach Religion durch Ethik ersetzen?

Legen Sie sich ein einfaches Raster an, in dem Sie die Besonderheiten der Fächerstruktur an Ihrer Schule veranschaulichen (siehe Abb. 1).

Nun müssten noch weitere Bedingungen ergänzt werden, die sich nicht aus der einfachen Stundentafel ergeben: Welche Fächerkombinationen sind z.B. zwingend, welche Abschlüsse erreicht man gegebenenfalls etc.

Fast jede Schule hat ein Strukturgramm ihres Bildungsangebotes (beispielsweise für das Sprachenangebot, siehe Abb. 2). Damit ist Ihnen schon sehr weitergeholfen. Wenn nicht, legen Sie doch einfach eines an und stellen dieses der Schule (z.B. für die Schul-Homepage) zur Verfügung.

Abbildung 1: „Fächerstruktur"

Schuljahr/ Fach	1	2	3	4	5	6	7	8	9	10	11	12
Deutsch					5	5	4	4	3	3		
Mathematik					5	5	4	4	3	3		
Englisch					5	5	4	4	4	4		
Französisch							4	4	4	4		
Geschichte					2	2	2	2	2	2		
Biologie					2	2	2		1	1		
Erdkunde					2	2	2	2	2	2		
Physik								2	2	2		
Chemie								2	2	2		
Musik					2	2	2	2	1	1		
Kunst					2	2	2	2	1	1		
Sport					2	2	2	2	2	2		
Wahlpflicht								3	3	3		
Sonstiges												
Summe												

Abbildung 2: „Sprachen"

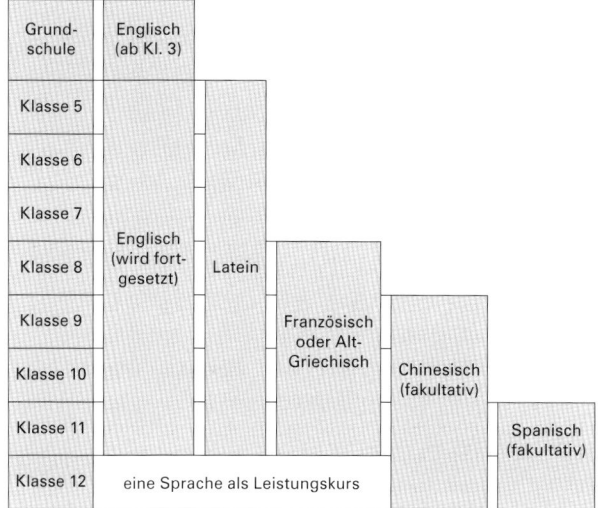

Checkliste 4:
„Aufbau und Organisation"

Klären Sie diese Fragen und Schwerpunkte:	✓
Aufnahmebedingungen	
Verschiedene Schulzweige	
Abschlüsse	
Deutsch, Mathematik	
Sprachenfolge	
Naturwissenschaften	
Musik und Kunst	
Sport	
Bestimmte notwendige Kombinationen	

⤳ Infopolitik und Infowege

„*Ich habe mal eine Frage: Wann findet eigentlich der Studien-
tag für die Lehrkräfte statt, von dem hier die ganze Zeit gere-
det wird?*" *Alle Anwesenden in der Lehrerkonferenz drehen
sich zu Robert W. um, manche grinsen, andere lachen unverblümt, und einige schütteln verzweifelt und ein wenig mitlei-
dig den Kopf.* „*Der kriegt aber auch gar nichts mit*", *flüstert
Carola M. ihrer Kollegin Doreen L. zu, die gerade mit der Korrektur einiger Vokabeltests beschäftigt ist und gelangweilt
von ihrer Arbeit aufschaut. Doreen blickt über ihre Lesebrille
hinweg und antwortet:* „*Das hat doch irgendwo gestanden:
im Mitteilungsbuch oder am Schwarzen Brett. Oder lag da
ein Zettel in meinem Fach? Nein, Moment, jetzt fällt es mir
wieder ein: Es stand auf der Schulhomepage. Oder hat es unser Schulleiter neulich in der großen Pause angesagt ...?*" *Die
beiden schauen sich ratlos an.* „*Egal, jedenfalls weiß es jeder,
nur unser Neuling hat's mal wieder nicht gepeilt.*"

Kein Thema ist im Kollegium so umstritten wie die Infopolitik. Kein Thema
wird von Lehrkräften in Befragungen öfter als schulisches Kernproblem
benannt. Der Informationsfluss fließt manchmal in breiten Strömen durch
das Lehrerzimmer, mal aber auch nur als dünnes Rinnsal.

Egal, wie es an Ihrer Schule läuft, Sie müssen sich notwendige Informationen selber besorgen (siehe dazu Checkliste 5). Reden Sie sich nicht
mit Sätzen wie „Das hat mir aber niemand gesagt" oder „In meinem
Fach lag kein Zettel" heraus. Das kommt nicht gut an. Gut informiert zu
sein, hat auch etwas damit zu tun, inwieweit man sich selbst über bestimmte Dinge informiert.

An einer Schule gibt es zahlreiche Möglichkeiten, sich über Termine
und andere Interna zu informieren. Einige seien hier kurz beschrieben:

▸▸ **Schulhomepage:** Wird hier ein fortlaufender Terminkalender geführt,
so dient die Homepage als wichtige Informationsquelle. Richten Sie
sich zu Hause die Schulhomepage als Startseite Ihres Internetbrow-
sers ein. Interessante Dinge erfahren Sie auch im Schüler-Chat, wenn
es diesen an Ihrer Schule gibt. An einigen Schulen werden die Lehrer
per Massen-E-Mail durch die Schulleitung informiert.

▶▶ **Mitteilungsbuch:** Viele Schulen führen ein Mitteilungsbuch, das im Lehrerzimmer ausliegt. Hier steht alles Aktuelle und Wichtige drin. Idealerweise schauen Sie täglich (z.B. morgens vor Unterrichtsbeginn oder bevor Sie nachmittags die Schule verlassen) einmal hier vorbei. Es gibt Mitteilungsbücher, in die schreibt nur die Schulleitung, es gibt aber auch Schulen, in denen jeder seine Mitteilungen über schulische Gegebenheiten hier eintragen kann.

▶▶ **Vertretungsplan:** Für ihn gilt das Gleiche wie für das Mitteilungsbuch: Einmal am Tag vorbeischauen ist Pflicht. Ich habe sogar einmal von einer Schule gehört, in der musste jeder Kollege morgens den Vertretungsplan mit seiner Unterschrift abzeichnen!

▶▶ **Schwarzes Brett** oder Mitteilungsbrett: Hier wird das Wahrnehmen von Informationen in manchen Schulen schon so richtig zu einem Detektivspiel. Wie finde ich nur das, was ich auch wissen will? Was interessieren mich zwei Jahre alte Konzert-Termine? Was soll ich mit einer dort hängenden Anschriftenliste, die noch vierstellige Postleitzahlen hat? Das Schwarze Brett ist in Unternehmen das am häufigsten konsultierte Kommunikationsinstrument. Deswegen sollte es gut gepflegt werden. Dazu gehört:

- Hinweise, die veraltet sind, müssen abgenommen werden.
- Eine Information sollte nicht länger als 10–14 Tage hier hängen.
- Das Schwarze Brett sollte thematisch untergliedert sein:
  z.B. nach Vertretungsplan, Verbände, Personalrat, Frauenvertretung, Mitteilungen der Schulleitung, Neues aus dem Ministerium, Unsere Schule in der Presse usw.
- Nicht jeder sollte hier aufhängen, was er gerne möchte. Nur offizielle Informationen hängen hier.

▶▶ Die Alternative zum Schwarzen Brett ist das **„Bunte Brett"**. Will man verhindern, dass alle Kollegen ihre Informationen am offiziellen Brett aushängen, so richtet man ein Buntes Brett ein für Zettel wie „Fahre am Wochenende angeln, wer kommt mit?" oder „Suche seit Tagen meinen roten Kugelschreiber. Habe ihn auf der Damentoilette oder im Kopierraum vergessen. Wer kann mir helfen?"

▶▶ Wichtige Informationen, die nicht jedem gelten, sollten in die Fächer der entsprechenden Kollegen gelegt werden. Also: Regelmäßig ins Fach schauen und dieses ebenfalls regelmäßig ausleeren. Sonst entsteht der Eindruck, hier arbeitet jemand nachlässig. Meine eigene Schulleiterin legt uns persönliche Mitteilungen immer auf rotem Papier in die Fächer. Das ist toll: Da sieht man schon von Weitem, dass die Schulleitung entweder einen Auftrag für einen hat oder man irgendwo Mist gebaut hat.

▶▶ Auch **Elternrundbriefe, die es an vielen Schulen gibt**, sind für Lehrer ebenfalls eine gute Quelle der Information. Hier gilt also die Devise: Nicht nur an die Schüler verteilen, sondern auch selber lesen. Sonst wissen die Eltern irgendwann mehr als Sie! Lesen Sie auch die **Schülerzeitung**, wenn es eine gibt. Das ist nicht nur lustig, sondern auch informativ.

▶▶ Die **offiziellen Mitteilungen** des Bildungsministeriums, also z.B. Amtsblätter, Verordnungen, Ausführungsvorschriften und Rundschreiben sollten im Lehrerzimmer so abgelegt sein, dass Sie sie finden. Vielleicht gibt es irgendwo einen dicken Ordner dafür. Suchen Sie ihn! Und nicht nur das. Schauen Sie gelegentlich hinein, auch wenn Sie nicht nur die Stellenausschreibungen lesen wollen, weil Sie auf der Suche nach einer neuen (besseren?) Schule sind.

▶▶ Ebenso gibt es sicher eine Stelle, wo **Protokolle** zu finden sind. Wenn Sie mal eine Freistunde haben, lesen Sie die Protokolle vergangener Monate (oder Jahre?). Finden Sie heraus, wie viele der gefassten Beschlüsse in den letzten fünf Jahren tatsächlich umgesetzt wurden. Sie können natürlich auch einmal untersuchen, wo es trotz eindeutiger Beschlüsse andere Umsetzungen in der Praxis gibt. Zählen Sie doch mal, wie oft das Thema „Sicherheit in der Schule und Feueralarmübungen" bisher behandelt wurde ...

▸▸ Oft genug können Sie sich aber auch so viel bemühen, wie Sie wollen. An Ihnen werden trotzdem Informationen vorbeigehen. Manche Infos werden eben nur sehr diskret weitergegeben. Manchmal dauert es Jahre, bis man so gut in eine Kollegiumsgemeinschaft hineingewachsen ist, dass einem diese Informationen anvertraut werden. Besonders spannend wird das Thema „Informationspolitik", wenn es dabei um Personen geht: Wer verlässt die Schule, wer hat sich wo beworben, wer wird neuer Fachbereichsleiter?

Geben Sie nicht auf, wenn am Anfang einige (gelegentlich auch wichtige) Informationen an Ihnen vorbeigehen und Sie dadurch etwas verpassen. Das passiert hin und wieder. Beobachten Sie genau, und scheuen Sie sich nicht davor, auch hin und wieder Hinweise zu geben, wenn Sie den Eindruck haben, hier könnte besser informiert werden.

Die Informationspolitik ist von Schule zu Schule und von Schulleitung zu Schulleitung unterschiedlich. Es gibt Schulleitungen, die mit Informationen, auch mit „heißer Ware", sehr offen umgehen und nach der Devise leben, „je mehr Leute etwas wissen, umso besser". Die Alternative dazu ist, genau zu überlegen, wer welche Information bekommt und wer nicht. Das hat jedoch gelegentlich zur Folge, dass sich einige übergangen fühlen. Mir wurde mal eine vertrauliche Information mit den Worten „Erzählen Sie das ruhig weiter, nur sagen Sie nicht, von wem Sie das haben" mitgeteilt. Das ist wohl der denkbar schlechteste Weg. Es gibt zahlreiche Möglichkeiten, wie Infos an einer Schule verbreitet werden können. Einige gebräuchliche habe ich hier aufgezeigt, die Liste ließe sich aber sicherlich noch erweitern.

Checkliste 5:
„Infopolitik und Infowege"

Auf welchem Weg gelangen an Ihrer Schule wichtige Informationen an den Mann bzw. an die Frau?	✓
Schulhomepage/E-Mail	
Mitteilungsbuch	
Vertretungsplan	
Schwarzes Brett	
Buntes Brett	
Lehrerfächer	
Lehrer- bzw. Elternbriefe, Schülerzeitung	
Ordner „Amtsblatt" o. Ä.	
Ordner „Protokolle"	
Klatsch und Tratsch in den Pausen	

Einzugsgebiet, soziales Umfeld

Die Frage, aus welchem sozialen Umfeld die Schüler einer Schule kommen, stellt sich wohl jeder Lehrer, wenn er eine neue Stelle antreten muss. Gerade wenn Sie nicht in der Gegend wohnen, in der sich Ihre neue Schule befindet, oder Sie vielleicht erst wegen Ihrer neuen Stelle in das Einzugsgebiet der Schule gezogen sind, ist es wichtig, herauszufinden, welchem sozialen Umfeld Ihre Schüler angehören.

Neben dem Einzugsgebiet der Schule gilt es, auch einmal die direkte Nachbarschaft der Schule in Augenschein zu nehmen. Sie werden vielleicht denken, das sei doch dasselbe, aber bedenken Sie: Oft, gerade in ländlichen Gebieten, ist das Einzugsgebiet einer Schule viel größer als nur deren direkte Umgebung.

Und wenn Sie schon dabei sind, sich umzuschauen: Suchen Sie den „Bäcker um die Ecke", bei dem Sie und Ihre Schüler sich stärken können. Schielen Sie auch gleich einmal nach einem netten, kleinen Café, in dem Sie hin und wieder eine Freistunde verbringen können. Nichts ist sinnvoller, als zwischendurch einmal hinauszukommen aus dem Schulalltag.

Wenn Sie sich im Referendariat befinden, müssen Sie wahrscheinlich irgendwann eine „Bedingungsfeldanalyse" (o. Ä.) Ihrer Schule anfertigen. Hierzu gehört die Analyse der sozialen Umgebung. Deswegen lohnt sich hier die Vorarbeit. Gegebenenfalls haben ältere Referendare oder Kollegen diese Arbeit bereits früher schon einmal erledigt. Fragen Sie andere junge Kollegen um Hilfe. Hier können Sie sich eine Menge Arbeit ersparen, die schon oft erledigt wurde.

Zur Analyse des Bedingungsfeldes gehört natürlich neben der genauen Betrachtung des gesamten sozialen Umfeldes der Schule auch – sollten Sie Klassenlehrer sein – die Analyse der Klassensituation. Stellen Sie diese sorgfältig erarbeitete Analyse auch anderen in der Klasse unterrichtenden Kollegen zur Verfügung. Diese werden Ihnen dankbar sein.

Zur **Bedingungsfeldanalyse des sozialen Umfeldes** gehören unter anderem diese Fragestellungen (siehe auch Checkliste 6):

- Einkommensstruktur
- Arbeitslosigkeit
- Durchschnittsalter
- Durchschnittliche Kinderzahl pro Familie
- Wohnkomfort, Gebäudestruktur (Einfamilienhäuser, Hochhäuser etc.)
- Soziale Angebote wie Jugendklubs, kirchliche Angebote, Vereine
- Wirtschaftliche Struktur (Einzelhandel, Unternehmen, produzierendes Gewerbe etc.)

Außerdem sollten Sie dringend im Blick haben, welche Vergangenheit und Zukunft die Schüler haben:

- Von welchen Schulen kommen die Schüler, die an Ihre Schule wechseln (Grundschulen, Realschulen, Gymnasien)?

- Welche Möglichkeiten haben die Schüler, wenn sie Ihre Schule verlassen? Welche Schulen kommen für Schüler in Betracht, die merken, dass sie (z.B. wegen Lernschwächen) an Ihrer Schule nicht am richtigen Platz sind?

Checkliste 6:
„Einzugsgebiet, soziales Umfeld"

Klären Sie bitte folgende Punkte:	✓
Wer kann bei der Bedingungsfeldanalyse helfen? Referendare und andere „Neue"?	
Bedingungsfeldanalyse	
Von welchen Schulen kommen Ihre Schüler?	
An welche Schulen gehen Ihre Schüler im Anschluss?	
Zu welchen Schulen können Schüler „außerplanmäßig" wechseln?	

 ## Das Schulgebäude

 Robert W. betritt an diesem Morgen den Klassenraum, wirft seine Tasche schwungvoll und mit Elan, wie es sich für einen jungen, engagierten Lehrer gehört, auf das Pult und schreibt seinen Namen mit Kreide in großen Lettern an die Tafel. „Guten Morgen, liebe Schülerinnen und Schüler!" – Schweigen.

Robert W. mustert die Schüler und fragt sich, was das nun für ein dummer Streich werden soll. Er hat sich für diese erste Stunde in der neuen Klasse etwas ganz Besonderes vorgenommen. Er will den Schülern vermitteln, wie gewaltloser Widerstand zurzeit der DDR funktioniert hat und nun das – gewaltloser Widerstand par Excellence! Robert W. wird etwas unsicher. Schließlich meldet sich ein Schüler in der vorletzten Reihe, die anderen würden ihn sicher als Streber oder Schleimer titulieren, und sagt: „Ähm, Entschuldigung, Herr W., wir haben jetzt doch eigentlich bei Herrn K. Mathe. Ist der heute krank?"

Da fällt es Robert W. wie Schuppen von den Augen. „Seid ihr nicht die Klasse 8c?" „Nein, die hat ihren Klassenraum nebenan."

Robert W. wird rot, er schnappt sich seine Tasche und verschwindet mit einem leise gemurmelten „Auf Wiedersehen" aus der Klasse. Auf dem Flur trifft er den Mathe-Lehrer Herrn K., grüßt ihn kurz und zieht sich hinter die richtige Klassenzimmer-Tür zurück. Dabei denkt er sich wütend: „Warum muss Herr K. auch immer zu spät kommen ..."

Der zweite Unterrichtsbeginn an diesem Morgen ist dann schon nicht mehr ganz so schwungvoll wie der erste.

Es wird Ihnen schwer fallen, von Anfang an immer den richtigen Raum zu finden. Deshalb machen Sie sich mit dem Schulgebäude vertraut (siehe Checkliste 7). Bitten Sie Ihren Fachvorsitzenden, Schulleiter (wenn er Zeit hat) oder den Hausmeister (das ist das Beste), Ihnen das Schulgebäude zu zeigen. Bestimmt gibt es einen Raumplan oder einen Grundriss der Schule, den Sie sich kopieren und in dem Sie Eintragungen als Gedächtnisstütze vornehmen können.

Nach einem ersten Rundgang werden Sie zahlreiche **Schlüssel** in der Hand haben: für Klassen-, Fachräume, Lehrerzimmer, Lehrer-, Schülerschränke, Garderoben, Materialräume, Lehrertoiletten usw.

Ich empfehle Ihnen, legen Sie sich zwei Schlüsselbunde an: Einen mit den allerwichtigsten Raumschlüsseln und einen zweiten mit Schlüsseln für Schränke usw. Sind Sie eher chaotisch veranlagt, dann lassen Sie alle Schlüssel an einem Bund. Sonst suchen Sie nicht permanent nach einem Schlüsselbund, sondern nach zweien. Und das ist noch schlimmer.

 *Befestigen Sie an Ihrem Schlüsselbund einen markanten Anhänger. Dann erkennen Sie (und jeder, der ihn findet, wenn Sie ihn im Kopierraum liegen gelassen haben) auf Anhieb, dass es sich um Ihren eigenen Schlüsselbund handelt.*

Zum Schlüssel noch eines: Es ist vielleicht unnötig, zu schreiben. Trotzdem: Der Verlust eines Schlüssels eines zentralen Schließsystems kann zu sehr, sehr hohen Kosten führen. Über die Mitgliedschaft in einer Lehrergewerkschaft (siehe Kap. 4.8) ist dieser versichert (Berufshaftpflicht).

Ich unterrichte nun seit vielen Jahren an einer großen Schule, und, glauben Sie mir, auch ich habe bis heute noch nicht alle Räume dieser Schule von innen gesehen. Das ist auch gar nicht nötig. Und man ist so immer wieder überrascht, wenn man etwas Neues entdeckt.

Beachten Sie aber bitte, welche Räume spezielle Fachräume sind, für die Fachkollegen einen Vorrang haben. So sind die Computerräume immer für den Informatikkurs reserviert. Für diese Räume gibt es meistens einen speziellen Raumplan, auf dem man sich früh genug (!) eintragen muss. Klären Sie zusätzlich, in welchen Räumen sich Schüler ohne Aufsicht aufhalten dürfen.

Arbeitsgemeinschaften, Projekte

Eine Schule lebt und bekommt ihr individuelles Gesicht nicht (nur) durch das Angebot ihrer Fächer. Vielmehr kommt es darauf an, was neben der „Pflicht" als „Kür" angeboten und unternommen wird.

Es gibt Schulen, da müssen die Schüler verpflichtend mindestens eine **Arbeitsgemeinschaft** besuchen. Und diese Regelung ist sehr sinnvoll. Denn das Zusammenarbeiten von Schülern und Lehrern in (freiwilligen) AGs hat einige Vorteile:

▸▸ Die Schüler lernen ihre Lehrer anders kennen und sind nicht dem Zensurendruck ausgesetzt. Sie besuchen eine AG, weil sie Interesse an dem Inhalt haben. Das ist beim Unterricht nicht immer so ...

Checkliste 7:
„Schulgebäude, Schlüssel"

Klären Sie bitte folgende Punkte:	✓
Wer kann mich durch die neuen Räume führen?	
Gibt es einen Raumplan oder einen Grundriss der Schule?	
Diese Schlüssel habe ich erhalten:	
Raumschlüssel:	
Schrankschlüssel:	
Sonstige Schlüssel:	
Fachräume sind:	
In diesen Räumen gibt es etwas zu beachten:	

▸▸ Natürlich lernen auch Lehrer ihre Schüler ganz anders kennen. Da AGs auf beiden Seiten freiwillig sind, funktioniert das gemeinsame Arbeiten viel entspannter. Lehrer können erleben, wie Schüler sich aus eigenem Interesse für eine Sache begeistern und engagieren.

▸▸ Das Thema einer AG kann eventuell etwas mit den Fächern zu tun haben, die ein Lehrer unterrichtet, muss aber nicht. Ich kenne z.B. einen Chemie- und Biologielehrer, der leitet eine Badminton-AG.

Sehen Sie sich das Angebot an freiwilligen Unterrichtsveranstaltungen Ihrer Schule ganz genau an (Checkliste 8). Schließlich werden Eltern und Schüler Sie dazu befragen. Gibt es für Sie die Möglichkeit, selber eine AG anzubieten? Gibt es für diese Tätigkeit Ermäßigungsstunden? Egal wie, eine AG durchzuführen, macht Schülern und Lehrern Spaß und ist bereichernd und teilweise auch ausgleichend zum Unterrichtsstress. Sollten Sie tatsächlich keine Idee für eine AG haben, dann fragen Sie einfach mal Ihre Schüler, was die gerne tun würden.

Sicher werden an Ihrer Schule gelegentlich (oder oft) **Projekte** oder Projektwochen durchgeführt (z.B. Sprachprojekte, Berufsvorbereitung). Auch hier bietet sich Ihnen die Möglichkeit, einmal in der Schule Dinge zu machen und zu vermitteln, für die sonst keine Zeit bleibt.

Checkliste 8:
„Arbeitsgemeinschaften, Projekte"

Es gibt folgende AGs und Projekte sowie Regeln:	✓
Sport:	
Sprachen:	
Musik/Kunst/Theater:	
Deutsch, Mathematik:	
Naturwissenschaften:	
Religion/Philosophie/Psychologie:	
An welchen AGs haben Schüler Interesse?	
Welche Projekte werden regelmäßig durchgeführt?	
Wer organisiert die Projekte?	
Wo kann ich mich einbringen? Gibt's Ermäßigungsstunden?	

„Alle Jahre wieder ..." –
Wichtige Termine und Veranstaltungen

Verschaffen Sie sich einen Überblick über alljährlich wiederkehrende Termine und Veranstaltungen. Denken Sie auch an bestimmte Fristen, die zu beachten sind (z. B. bei der Warnung für gefährdete Versetzungen).

Folgende Termine, stehen abgesehen von den Ferien, im Schuljahr an (chronologisch):

- Einschulungen, Sextanerbegrüßung
- Infotage der Schule (z. B. für die Oberstufe)
- Beratungskonferenzen, Fachkonferenzen
- Weihnachtskonzert, Weihnachtsfeiern, Weihnachtsmarkt
- Halbjahreskonferenzen (zu den Halbjahreszeugnissen)
- Elternsprechtag
- Projektwoche
- Theateraufführung
- Musikabend
- Schülerverabschiedungen (10er, 12er), Abifeier
- Sportfest, Sponsorenlauf
- Sommerkonzert, Sommerfest
- Zeugniskonferenzen
- Abschlussveranstaltung, Verabschiedungen

1.2 Personal und Persönlichkeiten

Robert W. hat ein schlechtes Namensgedächtnis. Noch schlechter kann er sich Gesichter merken. In der 8b ist das besonders tragisch, weil es neben zwei Christines auch noch eine Kristina und eine Christiane gibt. Da ist man hoffnungslos verloren! Aber auch die Namen der Kollegen zuzuordnen, ist nicht leicht. „Fragen Sie mal Herrn Sch.! Der kann Ihnen bestimmt weiterhelfen!" Wer aber ist noch mal Herr Sch.? Schon oft hat Robert W. sich gefragt, ob man mit dieser „Macke" überhaupt Lehrer werden kann. Immer wieder, so oft er das Gespräch auf dieses Thema brachte, wurde ihm von erfahrenen Kollegen gut zugeredet. Schließlich gebe es bei einem schlechten Namensgedächtnis zahlreiche Tipps und Tricks, dieses entweder zu überspielen oder tatsächlich erfolgreich Namen und Gesichter zu lernen.

Gehören Sie auch zu den Menschen, die ein schlechtes **Namensgedächtnis** haben? Wenn Sie diese Frage mit „Nein" beantworten können, dürfen Sie sich glücklich schätzen. Dann wird Ihnen vieles in der Schule leichter fallen. Aber auch in dem anderen Fall müssen Sie nicht gleich aufgeben. Es ist tatsächlich so: Wer sich Namen nicht merken kann, kann trotzdem ein ganz toller Lehrer sein. Man muss nur sehr konsequent am Anfang eines Schuljahres mit einer neuen Lerngruppe Namen lernen. Dabei werden Sie merken, wie schwierig das „Lernen" sein kann. Sie werden sich Lerntechniken aneignen müssen (vgl. Kap. „Die Schüler"), die auch Ihre Schüler zum Vokabel-Lernen brauchen oder um Geschichtsdaten ins Hirn zu bekommen...

Aber natürlich soll es in diesem Kapitel nicht nur um das Namensgedächtnis gehen, sondern vor allem um die Funktionen von gewissen Kollegen. Das **„Personal"** einer Schule ist das Grundkapital. Es prägt die Schule vielleicht genauso stark wie das Schulprofil. Dazu gehört z. B. die Kooperation und der Umgangston im Kollegium genauso wie die soziale Herkunft der Schüler und Eltern.

Mit diesem „Personal" muss man sich arrangieren. Manchmal muss man sich auf Menschen einlassen und lernen, mit ihnen umzugehen. Manchmal ist es aber auch genau umgekehrt: Man ist neu und unsicher, und trotzdem fühlt man sich schon am ersten Tag herzlich willkommen und freundlich aufgenommen. Manche Junglehrer haben Glück und die Möglichkeit, sich eine Schule selbst aussuchen zu können. Dann geschieht das wohl oft wegen der besonderen Prägung der Schule. Und diese ist natürlich letztendlich auch abhängig von den Menschen, die dort ein- und ausgehen. Hat das Kollegium einer Schule einen guten Ruf und ist es als kooperativ bekannt, ist man vielleicht bestrebt, an diese Schule zu kommen. Das nimmt einem am Anfang natürlich auch viel von der Unsicherheit, die man selbstverständlich hat, wenn man sich auf Neues einlassen muss.

Die Schulleitung

Die Schulleitung einer Schule besteht aus dem Schulleiter, dessen Vertretern sowie ggf. anderen Funktionsstelleninhabern (wie z.B. Koordinatoren). In manchen Bundesländern besteht die Möglichkeit, dass Lehrerkonferenzen aus ihrer Mitte Personen benennen, die zum Kreis der „Erweiterten Schulleitung" gehören.

Es ist fast überflüssig, hier zu schreiben, dass Sie sich mit der **Schulleitung** gut stellen sollten. Das sollten Sie nämlich mit allen am Schulleben Beteiligten. In vielen Bundesländern hat, im Rahmen der Schulreformen, die Schulleitung mehr Kompetenzen als früher bekommen. Das bedeutet, dass der Schulleiter Ihr Dienstvorgesetzter ist und damit für Ihre dienstliche Beurteilung zuständig ist. Früher war damit zuallererst der Schulrat betraut.

Aber das ist natürlich nicht die einzige Aufgabe des Schulleiters. Meist ist es so, dass die Aufgaben, die bei der Leitung einer Schule anfallen, zwischen den Mitgliedern der Schulleitung ganz klar aufgeteilt sind. Eventuell gibt es sogar einen so genannten Geschäftsverteilungsplan, in dem diese Aufgabenteilung schriftlich festgehalten wird.

In der Regel fallen dem Schulleiter folgende Aufgaben zu:

- Gesamtverantwortung und Leitung der Schule
- Verantwortung für die Einhaltung von Rechtsvorschriften
- Ggf. Dienstvorgesetzter der Lehrkräfte
- Entscheidung über den Unterrichtseinsatz der Lehrkräfte
- Vertretung nach außen

Was das konkret bedeutet, ist von Bundesland zu Bundesland, ja sogar von Schule zu Schule unterschiedlich.

Der **stellvertretende Schulleiter** ist oft für die Zusammenstellung des Stundenplans, für die tägliche Erarbeitung des Vertretungsplans und darüber hinaus in vielen Fällen auch noch für die Statistik der Schule verantwortlich. Mit diesen Aufgaben ist er, gerade an großen Schulen oder an Schulen mit unterschiedlichen Bildungsgängen, über die Maßen ausgelastet.

Damit sollte eigentlich klar sein, wer in der Schulleitung welche Aufgaben übernimmt, oder? Was machen Sie, wenn Sie einen Wandertag durchführen wollen? Fragen Sie den Stellvertreter um Erlaubnis, denn der ist ja schließlich für den Vertretungsplan verantwortlich, oder fragen Sie Ihren Schulleiter, denn der ist ja für den Unterrichtseinsatz der Lehrkräfte zuständig? Oder fragen Sie beide, um nicht den richtigen versehentlich zu übergehen?

Ich kann Ihnen die Lösung leider nicht verraten, denn auch hier ist es so: Jede Schule hat ihre eigenen Gepflogenheiten.

Klären Sie also in den ersten Wochen, wer in der Schulleitung für was zuständig ist (Checkliste 9).
Wichtig könnten folgende Punkte sein:

- Wandertage
- Fortbildungen
- Klassenfahrten
- Pädagogische Fragen
- Organisatorische Fragen
- Disziplinarische Probleme mit Schülern
- Verstöße gegen die Schulordnung oder das Schulgesetz
- Wünsche zur Stundenverteilung (Stundenplan)
- Lerngruppen und Fächer betreffende Wünsche
- Finanzfragen (Schuletat)

Jeder Schulleiter hat ein anderes Selbstverständnis. Führt ein Schulleiter eine Schule, oder leitet er sie? Ist er der „Primus inter pares"? Ist die Tür zum Amtszimmer stets verschlossen und von außen lediglich mit einem Knauf statt einer Klinke versehen? Auf gut deutsch: Muss man im Schul-büro um eine Audienz beim Schulleiter bitten? Oder steht die Tür des Schulleiter stets offen? Manches werden Sie auf Anhieb erkennen.

Die beste Lösung ist im letzten Fall aus meiner Sicht: Wenn die Tür geschlossen ist, wird in keinem Fall gestört (allenfalls in ganz wichtigen Fällen durch die Sekretärin). Ist die Tür geöffnet, kann man nach kurzem Anklopfen an den Türrahmen eintreten. Sollte es sich um ein persönliches, wichtiges Gespräch handeln, kann man hinter sich die Tür schließen oder Selbiges dem Schulleiter überlassen.

Legen Sie sich eine Liste an, in der Sie die wichtigsten Aufgaben der einzelnen Personen der Schulleitung festhalten:

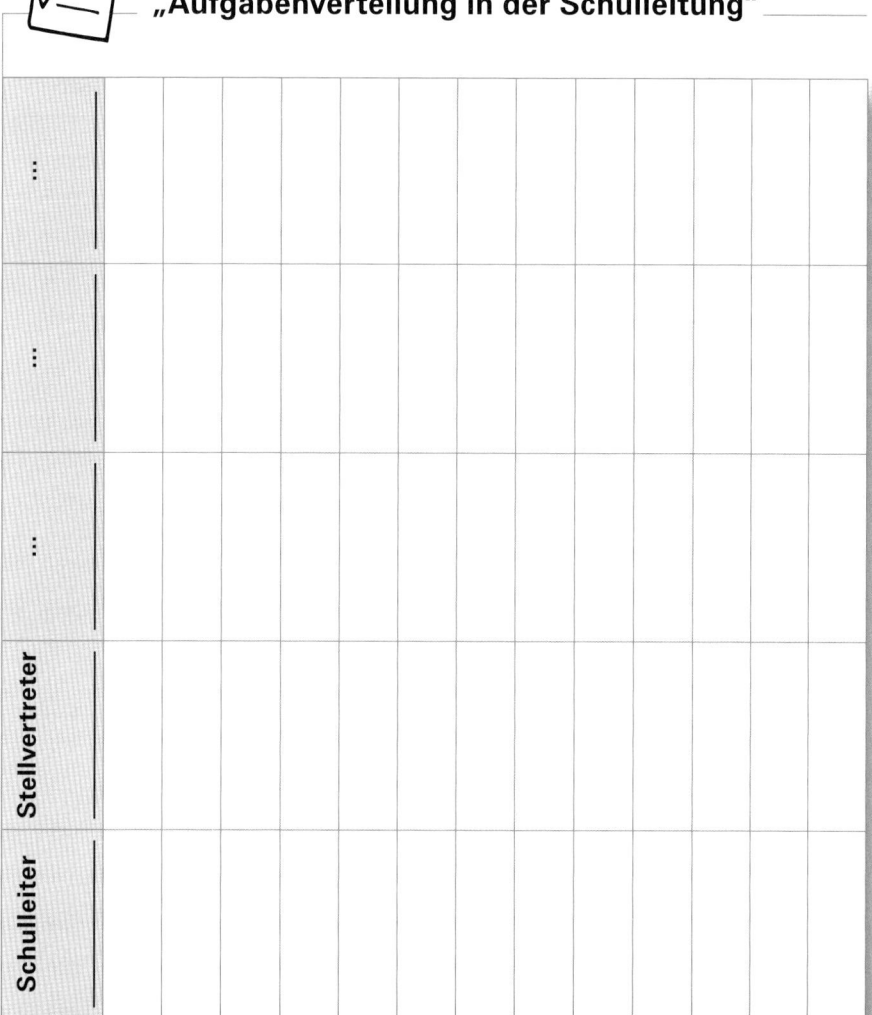

Checkliste 9:
„Aufgabenverteilung in der Schulleitung"

Die guten Seelen der Schule:
Das Sekretariat und der Hausmeister

Robert W. entdeckt eines Tages an der Tür der Hausmeister-
loge einen Aufkleber mit dem Spruch: „Über dem Schulleiter
kommt der Hausmeister und darüber nur noch der liebe Gott!"
Wie wahr, denkt er bei sich ...

Es ist tatsächlich so. Der Hausmeister und das Sekretariat sind aus dem
Schulbetrieb nicht wegzudenken, denn ohne ihre Hilfe ist vieles nicht
zu erreichen oder zu bewältigen.

Der **Hausmeister** wird Ihnen wahrscheinlich die Schlüssel, die Sie für
Räume, Lehrertoiletten und Schränke benötigen, aushändigen. Sie ha-
ben in Ihrem Klassenzimmer keinen Lehrertisch mit abschließbaren
Schubladen? Das wird der Hausmeister bestimmt für Sie erledigen. Sie
wollen eine Lesenacht mit Übernachtung in Ihrer Klasse durchführen?
Ohne den Hausmeister klappt das nicht. Sie müssen um 18 Uhr noch
einmal ganz dringend in die Schule, weil Sie Ihren Wohnungsschlüssel
im Lehrerzimmer vergessen haben? Der Hausmeister lässt Sie hinein.
Sie brauchen eine Leiter, um die Girlanden für Fasching aufzuhängen?
Hat der Hausmeister. Oder Kreide, einen neuen Schwamm, einen Be-
senstiel ... Haben die Schüler die Klinke vom Fenster abgebrochen? Re-
pariert der Hausmeister. Und wohin mit dem kaputten Stuhl? Natürlich
zum Hausmeister.

Diese Aufzählung ließe sich noch lange fortsetzen. Sie sehen, der
Hausmeister ist unabkömmlich. Da Sie oft genug auf dessen Hilfe angewiesen sind, können Sie ihm auch gelegentlich entgegenkommen,
z. B. sollten Sie Folgendes beachten:

▶▶ Sagen Sie dem Hausmeister rechtzeitig, nicht erst drei Tage vorher,
Bescheid, wenn Sie einen Elternabend durchführen wollen.

▶▶ Hüten Sie sich davor, einen Elternabend am traditionell „freien
Abend" des Hausmeisters abzuhalten. Übrigens: Auch Freitagabend
ist schlecht.

▶▶ Halten Sie mit Ihren Schülern gemeinsam den Klassenraum immer
ordentlich und sauber, und verlassen Sie ihn nach Unterrichtsschluss
möglichst als Letzter. Sicher ist sicher ...

▶▶ Schließen Sie bei Verlassen des Unterrichtsraumes alle Fenster.

▶▶ Achten Sie darauf, dass Ihre Schüler lernen, was Mülltrennung bedeutet.

▶▶ Schüler, die mehr Bewegung oder Beschäftigung als andere brauchen (Sie wissen schon ...), können dem Hausmeister hin und wieder zur Hand gehen, z.B. bei der Reinigung des Schulhofes.

▶▶ Schüler, die gerne Kaugummis unter den Tisch kleben, entfernen diesen mit Hilfe eines Spachtels bestimmt auch gerne wieder (und lassen es beim nächsten Mal vielleicht bleiben).

▶▶ Stellen Sie neuen Klassen den Hausmeister vor. Er richtet bestimmt auch gerne einige hinweisende Worte an die Schüler.

Es gibt schwierige und unkomplizierte Lehrer. Genauso gibt es auch Hausmeister, mit denen man besser und schlechter zurechtkommt. Vergessen Sie nicht: Der Hausmeister kann Ihnen Steine aus dem Weg räumen oder Ihnen Steine in den Weg werfen. Es kommt auch auf Sie an.

Ganz ähnlich sieht es mit den **Sekretärinnen** im Schulbüro aus. Wenn Sie umfangreiche Wünsche haben (z.B. „Können Sie mir mal Klassenlisten für die Klassen 7a, 9d und 11b ausdrucken, sortiert nach Postleitzahlen, wenn's geht?"), sollten Sie vielleicht nicht gerade in der großen Pause damit ins Schulbüro kommen. Denn zu diesem Zeitpunkt wollen auch drei Schüler eine Schulbescheinigung, ein Schüler braucht Kreide, einem ist schlecht, einer muss mit seiner Mutter telefonieren, weil er sich im Sportunterricht die Hand verstaucht hat, und einer hat ganz einfach nur sein Handy verloren und bittet um Hilfe.

In der Regel sind Sekretärinnen sehr bemüht und umgänglich. Aber auch hier gilt: Kommen Sie der Schulsekretärin entgegen, entweder mit der rechtzeitig abgegebenen Zensurenliste oder mit der Schachtel Pralinen, ganz wie Sie wollen. Dann wird Sie Ihnen auch entgegenkommen.

Die Kollegiumsgemeinschaft und Kooperation

 *„Was machen Sie denn heute in Geschichte, Herr W.?" –*
„Ich? Ach, ich habe mir da eine ganz tolle Sache ausgedacht.
Habe stundenlang Materialien vorbereitet, das wird bestimmt
eine super Stunde." – „Das klingt ja prima, darf ich das mal
sehen?" – „Nun ja," druckst Robert W. herum, „ich habe halt
lange dran gearbeitet," und schon verschwindet unser Jung-
lehrer im nächsten Klassenzimmer, schließt die Tür hinter
sich und ist nicht mehr zu sehen. „Na, das ist ja ein toller
Kollege ..."

Meist werden Sie schon auf der ersten Lehrerkonferenz merken, wie es um die Gemeinschaft im Kollegium bestellt ist. Wie ist der Umgangston miteinander? Wie werden Konflikte gelöst? Werden unterschiedliche Meinungen zu einem Thema, die es natürlich geben darf, konstruktiv diskutiert, oder beharren alle auf ihren eigenen Standpunkten in der Meinung, als Einzige Recht zu haben? Wie sieht es bei Wahlen für Gremien aus? Werden Posten schnell besetzt, oder dauert es ewig, bis man sich auf eine Person geeinigt hat? Gibt es Lehrerausflüge? All das sind Indikatoren für die Gemeinschaft und die allgemeine Stimmung in einem Kollegium.

Egal, wie groß ein Kollegium ist, egal, ob es nur aus acht oder aus 120 Personen besteht, es gibt kleine Grüppchen (in der Schulklasse würden wir es Clique nennen), die miteinander arbeiten, sich verstehen, sich kennen und vielleicht auch außerhalb der Schule miteinander zu tun haben. Manchmal sind diese Grüppchen offen für „Neue", je kleiner sie aber sind, desto schwieriger wird es, in eine Gruppe hineinzukommen.

Erkundigen Sie sich (siehe Checkliste 10): Gibt es an Ihrer Schule Kreise, die sich außerhalb des normalen „Schulrahmens" treffen?
Das könnten z.B. sein:

- Literaturkreis
- Sportgruppen
- Lehrerchor
- Lehrerorchester

Hier können Sie sich engagieren und Ihre Kollegen außerhalb der Schule einmal ganz anders kennen lernen.

Es ist sehr wichtig, in ein Kollegium hineinzuwachsen, denn das ist für Sie persönlich und Ihren zukünftigen Unterricht von großer Bedeutung. Überlegen Sie einmal: Schulen, die innovative Unterrichtsformen einsetzen, Schulen, die eine gute pädagogische Arbeit leisten, haben ein besonderes Merkmal: Die Kooperation innerhalb des Kollegiums wird sehr ernst genommen und gefördert.

Für Sie als Neuling im Lehrerberuf oder in der Schule hat die **Kooperation** vor allem aus folgenden Gründen Bedeutung:

▸▸ Sie können oftmals nicht auf bereits erprobte Materialien und Medien zurückgreifen, weil jede Schule gewisse Curricula und Schulbücher hat.

▸▸ Die Kollegen, die schon länger an der Schule tätig sind, können Ihnen die Einarbeitung und Integration erleichtern, indem Sie Ihnen gute Tipps geben, z.B. auch über die Dinge, die an der Schule schon immer so waren (vgl. Kap. 1.3).

▸▸ Umgekehrt profitieren ältere Kollegen auch von den Ideen, die junge Lehrer von der Universität oder den Lehrerseminaren mitbringen.

Wie sollte oder kann die Kooperation im Kollegium nun aussehen? Hier einige Ideen, über die es sich nachzudenken lohnt.
Was halten Sie von ...

▸▸ der Abstimmung von Unterrichtsinhalten in Parallelklassen,

▸▸ der regelmäßigen Besprechung besonderer didaktischer oder pädagogischer Probleme,

▸▸ der gemeinsamen Planung und Durchführung von Unterrichtseinheiten,

▸▸ der gemeinsamen Konzeption und Korrektur von Leistungskontrollen,

▸▸ gegenseitigen Hospitationen im Unterricht mit anschließender Beratung?

Diese Formen der Kooperation im Lehrerkollegium haben nicht nur den Vorteil der Arbeitsersparnis für jeden Einzelnen, sie gewähren auch Reflektion und die Vergleichbarkeit einzelner Parallelklassen. Darüber hinaus wird bei der gemeinsamen Planung von Unterrichtsinhalten wesentlich mehr Kreativität freigesetzt, als wenn man zu Hause alleine am Schreibtisch brütet.

Viele Kollegen, die seit Jahrzehnten für sich alleine arbeiten und keine Unterrichtsbesuche hatten, werden sich mit kooperativen Arbeitsformen schwer tun. Manchmal müssen Sie den Anfang machen. Geben Sie ein von Ihnen entworfenes Arbeitsblatt, wenn es gut gelungen ist, weiter. Wenn Sie das als zu aufdringlich empfinden, dann lassen Sie es zufällig auf Ihrem Lehrertisch oder im Kopierraum liegen. Vielleicht wird ein Kollege neugierig und fragt nach (Lehrer nehmen alles, was sie kostenlos bekommen können ...). Das kann auch der Anfang eines langjährigen Austausches werden.

Checkliste 10:
„Kollegiumsgemeinschaft und Kooperation"

Klären Sie:	✓
Welche Gruppen oder Grüppchen gibt es im Kollegium? Wie kann ich mich einbringen?	
Mit welchen meiner Fachkollegen kann ich mir eine Kooperation vorstellen?	
Wer unterrichtet in den Parallelklassen und würde mit mir Unterrichtsinhalte abstimmen?	
Welche Kollegen würde ich bei mir hospitieren lassen?	
Bei wem würde ich gerne einmal im Unterricht hospitieren?	

Wer ist für was zuständig?

In einem Kollegium gibt es zahlreiche Aufgaben zu verteilen und wahrzunehmen. Das kann natürlich von Schule zu Schule unterschiedlich
sein. Manche Aufgaben werden an der einen Schule vom Sekretariat
oder von einem Mitglied der Schulleitung erledigt, in anderen Schulen
von einem Kollegen. Manche Aufgaben muss an der einen Schule jeder
selbst erledigen, an anderen Schulen macht das einer für alle.

> *Für welche Aufgaben ist wer zuständig? Welche
> Aufgaben müssen Sie selbst übernehmen? Wenn
> Sie diese Fragen geklärt haben, werden Sie sich in
> Zukunft vielleicht viel Arbeit ersparen. Dazu müssen
> Sie nicht eine Woche lang kreuz und quer durch das
> Kollegium streifen. Setzen Sie sich für fünf Minuten,
> z. B. in einer großen Pause, mit einem älteren Kolle-
> gen zusammen, und schon haben Sie Ihre Liste
> komplett (vgl. Checkliste 11 und 12).*

Verschaffen Sie sich auch einen Überblick darüber, wer Ihrer Kollegen
in welchem Gremium sitzt. Nicht jedes Gremium hat in jedem Bundesland den gleichen Namen.

Wer kann mir helfen?

*Herbstzeit, draußen regnet es, das Thermometer schafft es
kaum mehr auf 15 Grad. Einige Wochen nach Schulbeginn
sitzt Robert W. eines Nachmittags in seiner Küche und ist völlig verzweifelt. Nach den ersten Tagen und den tollen Eindrücken von der neuen Schule, den netten Kollegen und den
munteren Schülern ist nun der graue Alltag eingekehrt.
Robert W. hat das Gefühl, die Füße nicht auf den Boden zu
bekommen. Er hangelt sich nur noch von Tag zu Tag. Eigentlich müssten jetzt Klassenarbeiten und Tests geschrieben
werden, schließlich drohen Elternversammlungen,
Elternsprechtage und das Halbjahreszeugnis ...*

Oft genug werden Sie, gerade wenn Sie neu im „Schulgeschäft" sind, an einen Punkt kommen, an dem Sie nicht mehr weiterwissen. Vielleicht wachsen Ihnen die Aufgaben über den Kopf, oder es türmen sich die Klassenarbeiten auf dem Schreibtisch? Eventuell müssten Sie dringend mit ein paar Eltern telefonieren, deren pubertierende Sprösslinge schon wieder Unsinn verzapft haben? Die Klassenfahrt oder zumindest der Wandertag müsste eigentlich vorbereitet werden. Kurzum: Sie merken, dass Lehrersein eben doch kein Halbtagsjob ist.

Checkliste 11:
„Gremien"

Gremium	Namen:	✔
Lehrer in der Steuergruppe Schulprogramm		
Koordinatoren (Unterstufe, Mittelstufe, Oberstufe)		
Personalrat der Schule		
Vertreter in überschulischen Lehrergremien		
Schulkonferenz		
Gesamtelternvertretung		
Schülervertretung		
Gewerkschaftsvertreter/ Zuständiger		

Checkliste 12:
„Aufgaben im Kollegium"

Mögliche Aufgabe:	zuständig:	✓
Organisation Projektwoche		
Öffentlichkeitsarbeit		
Finanzen Schule (z. B. Abrechnungen)		
Schwarzes Brett		
Kollegiumskasse („Freud-und-Leid-Kasse")		
Kopierer (Kopien, Papierstau etc.)		
Papier, Schreibwaren		
Schul-Homepage		
Schülerzeitung		
Jahrbuch, Schulzeitung		
Schulfotograf		
Theater- und Konzertkarten		
Sicherheit, Feueralarm		
Erste Hilfe		
Sportveranstaltungen		
Computer, Schulnetzwerk		
Büchereinkauf (Schulbücher)		
Vertrauenslehrer der Schüler		
Lehrerbücherei		
Schülerbücherei		

Wenn Sie an solche oder ähnliche Punkte kommen, werden Sie jemanden brauchen, der Sie motiviert, der Ihnen hilft und Sie unterstützt.

Eine Gruppe von jungen Kollegen an meiner Schule trifft sich regelmäßig samstags am Vormittag in der Stadtbibliothek zur Klausurkorrektur oder zur Unterrichtsvorbereitung. Gemeinsam und außerhalb des häuslichen Umfeldes, das einen ablenken könnte, lässt es sich effektiver arbeiten. Zugegeben: Den Samstag für die Arbeit zu opfern, das ist ein großes Opfer. Aber, bedenken Sie, dadurch entstehen natürlich auch Freiräume unter der Woche, die man mit Freizeitaktivitäten füllen kann.

Bisher habe ich eher problematische Situationen angesprochen. Nette, hilfsbereite Kollegen zu haben, ist aber nicht nur in Problemsituationen wichtig. Innerhalb der Schule Kontakte aufzubauen und Menschen zu finden, zu denen man nach und nach ein vertrauensvolles Verhältnis hat, ist wichtig.

Übrigens, ich meide immer öfter Partys und Feiern, bei denen fast ausschließlich Lehrer als Gäste zu erwarten sind. Ich finde, man sollte zwischen Beruf und Freizeit unterscheiden. Da muss ich nicht auch noch über die Schule reden. Nicht, dass ich nicht gerne Lehrer bin, aber irgendwann ist auch mal Feierabend.

Wer kann Ihnen nun also helfen? Das kommt zuerst einmal auf Ihr Problem an. Haben Sie **Probleme** mit Schülern, könnte ein Gespräch mit Kollegen, die auch in der Klasse unterrichten, oder einem Schulpsychologen helfen. Bei Problemen mit Eltern sind neben den Kollegen die Schulleitung und natürlich auch der Schulpsychologe ansprechbar. Bei Problemen mit der Schulleitung ist es hilfreich, das Gespräch natürlich zuerst mit der Schulleitung selber und darüber hinaus, falls es Schwierigkeiten gibt, mit dem Personalrat zu führen.

Es kann auch immer wieder zu Problemen mit einzelnen Kollegen kommen. Vielleicht haben Sie andere Vorstellungen von Unterricht als die Fachlehrer, die in Ihrer Klasse unterrichten? Oder setzt ein Lehrer, ohne mit Ihnen darüber zu sprechen, in Ihrer eigenen Klasse permanent

Schüler um? Kommt es vor, dass sich Kollegen Schülern gegenüber abfällig über Ihre Methoden äußern? Ich hoffe, Sie schütteln bei diesen Fragen den Kopf. Nur, glauben Sie mir, es gibt Situationen, gegen die sind die oben Genannten harmlos ...

Sie sollten bei Konflikten zunächst mit den Betroffenen reden. Erst wenn das nicht hilft, einen Kollegen oder sogar die Schulleitung zu Rate ziehen. Aber gehen Sie nicht zuerst zur Schulleitung und dann zu dem Kollegen mit den Worten: „Der Schulleiter möchte mit uns über das Sitzordnung-Problem sprechen", sondern bleiben Sie offen für Lösungen und bieten dem Kollegen den Lösungsweg an: „Ich glaube, wir können das Problem zu zweit nicht lösen. Wir sollten mit der Schulleitung darüber reden."

Was kann nun die Schulleitung unternehmen? Sie kann ...

▸▸ den Kollegen in die Schranken weisen und darauf bestehen, einen Umstand oder ein Verhalten zu verändern,

▸▸ Sie bitten, nicht so kleinlich zu sein, und mit dem Kollegen nachsichtig umzugehen,

▸▸ einen Kompromissvorschlag machen, mit dem Sie beide vielleicht nicht einhundertprozentig zufrieden sind,

▸▸ Sie beide bitten, eine Lösung alleine zu finden und in einer Woche wieder mit der Schulleitung darüber zu sprechen,

▸▸ bei schwer wiegenden Fällen disziplinarische Maßnahmen in die Wege leiten.

In jedem Fall wird sich eine gute Schulleitung nach einiger Zeit danach erkundigen, wie sich das „Problem" entwickelt hat.

Das Wichtigste im Schulalltag ist, dass Sie in der Schule Kollegen haben, denen Sie vertrauen, mit denen Sie kooperieren und die Ihnen in schwierigen Situationen helfen können. Oft ergeben sich solche Beziehungen im Laufe der Zeit von alleine und können sich auch verändern. Erwarten Sie aber nicht, dass andere auf Sie zukommen und Sie selber nichts unternehmen müssen. Ein bisschen persönlicher Einsatz gehört schon dazu!

Wie kann ICH mich einbringen?

Neulich traf Robert W. einen Freund, der schon seit vielen Jahren Lehrer ist. Mit dem sprach er über das Engagement in der Schule, das über den normalen unterrichtlichen Rahmen hinausgeht. Im Gespräch rutschte Robert W. der Satz raus: „Was ich auf keinen Fall möchte, ist, dass man mir ansieht, dass ich Lehrer bin!" – „Aber Robert," sagte der Freund, „guck mich an, ich bin seit 20 Jahren mit ganzem Herzen Lehrer, und mir sieht man das doch auch nicht an!" „Nein," log Robert W., „du hast Recht."

Möglichkeiten der Mitarbeit in einer Schule gibt es viele. Das haben Sie bestimmt schon an der nicht vollständigen Liste im Kapitel „Wer ist für was zuständig?" gesehen.

Zu Beginn Ihrer Tätigkeit sollten Sie sich dem Kollegium **vorstellen** und bekannt machen. Meistens übernimmt das der Direktor bei der ersten Konferenz nach den Ferien. Sie können aber auch selbst aktiv werden. Das kann und muss je nach Schulgröße und Gepflogenheiten anders aussehen. Hier kommen einige Vorschläge:

Abbildung 3: „Kollegiumsvorstellung"

Liebes Kollegium,

hiermit möchte ich mich kurz vorstellen. Mein Name ist Robert W. Ich bin einer der drei neuen Lehrer an dieser Schule und unterrichte die Fächer Mathematik und Sozialkunde.

Robert W.

▶▶ Hängen Sie am Schwarzen Brett einen Zettel aus, auf dem Sie sich, natürlich mit Bild, ganz kurz vorstellen. Den Zettel können Sie auch ins Mitteilungsbuch kleben, je nach Gepflogenheit (siehe Abb. 3).

▶▶ Laden Sie, gemeinsamen mit den anderen Neuen, das Kollegium zu einem Umtrunk nach der Lehrerkonferenz ein. Informieren Sie sich aber danach, welche Regeln im Umgang mit Alkohol bestehen.

▶▶ Bringen Sie auf die erste Fachkonferenz einen selbstgebackenen Kuchen mit.

▶▶ Vielleicht werden neue Lehrer auch in der Schülerzeitung, auf der Schul-Homepage, im Vereinsblatt des Fördervereins oder in den offiziellen Mitteilungen der Schulleitung vorgestellt.

Die Frage danach, wo Sie sich, wenn Sie sich an Ihrer Schule eingelebt haben, einbringen können, hängt vor allem von zwei wesentlichen Fragestellungen ab:

▶▶ Was würde ich gerne außerhalb des Unterrichts an der Schule für Aufgaben und Tätigkeiten übernehmen?

▶▶ An welchen Stellen und in welchen Bereichen an der Schule gibt es Vakanzen oder Möglichkeiten, mich einzubringen und zu engagieren?

An verschiedenen Stellen ist Ihr Engagement gefragt und gebraucht. Denken Sie daran: Sie bringen Erfahrungen und Eindrücke mit, von denen Ihre Kollegen profitieren können. Vielleicht kommen Sie ...

▶▶ als Lehramtsanwärter oder Referendar gerade frisch von der Universität und können von den neusten pädagogischen Entwicklungen berichten und diese an Ihre Kollegen weitergeben?

▶▶ gerade aus dem Referendariat und haben in dieser Zeit eine andere Schule mit ganz anderen Ansätzen kennen gelernt?

▶▶ aus einem anderen Bundesland, in dem alles ganz anders gemacht wird?

▶▶ aus einem Beschäftigungsverhältnis in einer anderen Berufssparte und können mit diesen Erfahrungen frischen Wind z.B. in die Organisationsentwicklung der Schule bringen?

Sie bringen als „Neuer" in jedem Fall eine ganz besondere Qualifikation mit. Sie sehen die Schule mit den Augen eines Fremden. Nutzen Sie diesen Blick, und lassen Sie andere davon profitieren. Und denken Sie bezüglich Ihres Engagements daran:

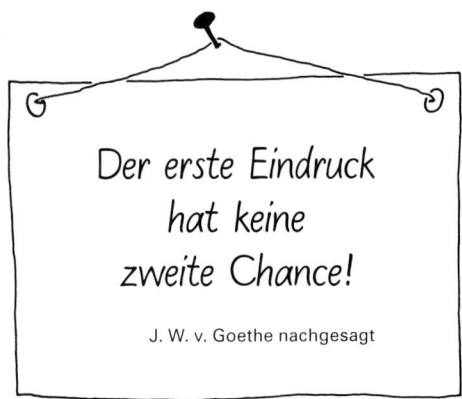

Der erste Eindruck hat keine zweite Chance!

J. W. v. Goethe nachgesagt

Wenn Sie sich engagieren möchten (siehe Checkliste 13), so können Sie das vor allem in diesen Bereichen tun:

▸▸ Alle **Gremien** werden in der Regel jährlich oder zweijährlich neu besetzt. Informieren Sie sich vor (!) den Wahlen, wo es seit Jahren unveränderte Besetzungen gibt, mit denen jeder zufrieden ist. Hier sollten Sie sich, um Ärger zu vermeiden, vorerst zurückhalten. Aber an Stellen, die vielleicht nicht so beliebt sind, Ihnen aber gefallen könnten, können Sie sich um Mitarbeit bemühen. Da wird Ihnen jeder dankbar sein.

▸▸ In den **Fachbereichen bzw. Fachschaften** wird man Ihr Engagement gerne annehmen. Ich denke, der unangenehmste Job ist die Verwaltung und das Organisieren der einzelnen Sammlungen und der Fachbücher bzw. Bibliotheken. Sie wissen bestimmt bereits aus eigener Erfahrung, welches Chaos manchmal in Sammlungsräumen oder in Materiallagern herrschen kann, wenn jeder Kollege sich einfach nur nimmt, was er braucht, und es einfach nur dahin zurückstellt, wo gerade Platz ist.

▸▸ Vor allem auf dem Gebiet der **Arbeitsgemeinschaften** können Sie sich einbringen. Was halten Sie von einer neuen AG, z.B. „Goldschmieden", „Werbeagentur", „Modellbau" oder „Astronomie"?

▸▸ An der Schule gibt es **Arbeitsgruppen**, die sich außerhalb der „offiziellen" Gremien treffen. Zum Teil sind das pädagogische Initiativen, aber auch Gruppen, die sich um Schulprogramm, -entwicklung und Evaluation kümmern.

Nutzen Sie Ihren Blick als „Neuer". Das kann beim ersten Eindruck beginnen, den Sie beim ersten Betreten der Schuleingangshalle hatten, und bis zum Vorschlag über die Neuorganisation ineffektiver Pausenaufsichten führen (vgl. Checkliste 14). Lassen Sie sich auch davon nicht abschrecken, dass neue Vorschläge, auch wenn sie gut oder besser sind, am Anfang manchmal nicht gut ankommen.

Checkliste 13:
„Wie kann ICH mich einbringen?"

Klären Sie:	✔
Vorstellung im Kollegium: Was ist nötig und möglich?	
Welche neuen Ideen bringe ich mit aus ...	
dem Studium?	
dem Referendariat?	
einer anderen Berufstätigkeit?	
Wo kann ich mich engagieren ...	
in Gremien:	
in meinem Fachbereich:	
in Arbeitsgemeinschaften:	
in Projektgruppen:	

Checkliste 14:

„Der erste Eindruck"

Notieren Sie, was Ihnen in den ersten Tagen in der neuen Schule positiv und negativ auffällt:		✓
positiv	*negativ*	

Viele Schulen setzen ein hohes Engagement von Junglehrern voraus und verpflichten sie gerne für viele Aufgaben (z.B. Fachkonferenzvorsitz), die andere Kollegen nicht mehr übernehmen wollen. Generell gilt: Zeigen Sie sich engagiert, aber versuchen Sie gleichzeitig, mit Ihren Kräften zu haushalten. Klären Sie ab, wo Sie sich selber gerne engagieren würden, was Ihre Schule braucht und vor allem welche Kapazitäten Sie haben. Treten Sie erst dann mit Ihrem Vorschlag an die Schulleitung oder entsprechende Gremien heran.

Die Schüler

„Schule kann so schön sein. Wenn da nur nicht die Schüler wären!" Die Sekretärin nimmt wirklich kein Blatt vor den Mund, denkt sich Robert W. und verlässt das Schulbüro. So ganz Unrecht hat sie aber nicht. Wie still es hier an diesem für die Schüler unterrichtsfreien Tag ist …

Natürlich ist es schön, einmal ganz in Ruhe durch die Schule zu laufen, nicht permanent von Schülern angesprochen und um einen Gefallen gebeten zu werden. Aber auf die Dauer wäre das doch nichts, oder?

Wegen der Schüler ist man in der Schule! Deswegen sollte man versuchen, die Schüler mehr und mehr kennen zu lernen (siehe Checkliste 15, vgl. auch Kap. 3). Oft genug ist man von Schülern oder deren Verhalten genervt. Auch dann darf man nicht vergessen, dass man in erster Linie in der Schule ist, um Schüler in ihrer Entwicklung weiterzubringen, um sie zu fördern und ihnen Wissen zu vermitteln. Auch wenn in Deutschland Schulpflicht besteht und jedes Kind zur Schule gehen muss, bedeutet es für Eltern, wenn sie ihr Kind in die Schule schicken, dass sie der Schule vertrauen. Dieses Vertrauen sollte gestärkt und dort aufgebaut werden, wo es noch nicht vorhanden ist.

Es gibt Länder in Europa, da müssen Lehrer, wenn sie in den Schuldienst eintreten, versprechen, Schüler nicht zu demütigen. Sie werden sich vielleicht denken, dass das selbstverständlich sei. Für Sie als Berufsanfänger ist das bestimmt auch selbstverständlich. Aber hören Sie mal zwei über 20 Jahre im Berufsleben stehenden Kollegen zu, wenn sie über oder mit ihren Schülern sprechen. Und gerade, wenn man im Stress ist und vielleicht auch noch zu Hause Probleme hat, kann man ganz schnell einmal die Nerven verlieren und Schüler ungerecht behandeln. Das passiert einem auch als junger Lehrer. Vergessen Sie also nicht den Leitspruch:

Schüler werden nicht gedemütigt!

Wenn Sie ein „loses Mundwerk" haben und gelegentlich dazu neigen, im Unterricht Späße zu machen, dann bedenken Sie: Jüngere Schüler verstehen oft noch keine Ironie und nehmen Sie ernst! Wenn Sie bei älteren Schülern mal einen Spaß auf Kosten der Schüler machen, werden diese wohl eher dafür Verständnis haben. Jedoch: **Nicht immer nur Späße auf Kosten eines Schülers!** Und denken Sie auch daran, dass Sie einiges aushalten müssen, wenn die Schüler anschließend über Sie Scherze machen. Sie sind eben das Vorbild. Manch einer kann einen Scherz – trotz Reife – falsch verstehen, und dann haben Sie ganz schnell die Eltern (und dann auch noch den Schulleiter) am Hals.

Auch wenn Sie den Anspruch haben, ein gutes persönliches Verhältnis zu Ihren Schülern aufzubauen, sollten Sie dennoch die nötige Distanz wahren. Es kann Schulen geben, wo Schüler und Lehrer sich gegenseitig **duzen**. Die Regel ist das jedoch nicht. Und Lehrer, die sich mit Schülern duzen, stehen im Kollegium oft schlecht da oder werden wenigstens besonders kritisch beäugt. Der Grund dafür kann Neid auf ein gutes Schülerverhältnis sein; er könnte aber auch in der Vermutung begründet liegen, dass Lehrer, die ein enges Verhältnis zu Schülern haben, diese nicht mehr aus einer neutralen Perspektive heraus beurteilen können. Für Kollegen kann das gegenseitige Duzen auch nach Anbiederung aussehen.

Klären Sie, ob die Schüler ab einer bestimmten Klassenstufe in Ihrer Schule nicht mehr geduzt werden. In der Regel haben die Schüler ab Klasse 10 oder 11 dazu das Recht. Schülern, die Sie schon lange kennen und bisher immer geduzt haben, wird es unter Umständen etwas merkwürdig vorkommen, wenn Sie diese plötzlich ansprechen mit: „Jan-Erik, könnten Sie bitte das Quatschen lassen?"

Vielleicht gibt es in Ihrer Schule eine klare Regelung zu diesem Thema. Das ist manchmal das Einfachste. Oder es hat sich ein bestimmtes Vorgehen eingebürgert. Erkundigen Sie sich dann, ob das jeder Lehrer so handhabt. Manchmal haben nämlich Lehrer den Eindruck, dass, nur weil sie etwas in einer bestimmten Art und Weise machen, dieses auch gleichzeitig für alle anderen in der Schule gilt.

Um ein gutes persönliches Verhältnis zu Schülern aufbauen zu können, ist es unabdingbar, dass Sie die **Schülernamen** schnell lernen. Wenn man Schüler zu ihrer Meinung über Lehrer befragt, äußern diese immer wieder Kritik wie „Nach einem Schuljahr hat Herr W. unsere Namen immer noch nicht auf die Reihe bekommen!"

Es gibt zahlreiche Methoden, sich die Schülernamen schnell einzuprägen:

▸▸ Die Schüler fertigen sich die berühmten **Namensschilder** an und stellen diese vor sich auf den Tisch. Gelegentlich werden sie sich aber einen Spaß erlauben und Sie dabei zur Weißglut bringen: Dann nämlich, wenn einfach die Namensschilder vertauscht werden. Aber das bekommen Sie ganz schnell mit. Spätestens wenn Sie einen Schüler mit falschem Namen angesprochen haben, bricht die ganze Klasse in höllisches Gelächter über den geglückten Streich aus. Dann wissen Sie: Hier stimmt etwas nicht.

▸▸ Der klassische **Sitzplan** hilft einem sicher über die ersten Wochen hinweg. Falls es keinen gibt, bitten Sie einen Schüler, einen anzufertigen. Noch besser: Jeder Schüler stellt sich vor, und Sie malen sich dabei einen Sitzplan selber. In den ersten Stunden gehen Sie jeweils alle Namen einmal durch, das dient auch der Anwesenheitskontrolle. Bitten Sie die Schüler, sich in den ersten Wochen, sagen wir, bis zu den Herbstferien, nicht um-

zusetzen. Seien Sie nicht nachlässig: Am Anfang jeder Stunde legen Sie den Sitzplan der jeweiligen Klasse auf den Lehrertisch.

▸▸ Sammeln Sie die Hefter oder die Hausaufgaben ein. Bei der **Rückgabe** rufen Sie jeden Schüler einzeln nach vorne. Sehen Sie jedem ins Gesicht! Dann merken Sie sich den Namen.

▸▸ Fertigen Sie sich ein **Foto** von den Schülern an. Am besten setzen sich alle dazu auf ihren Platz. Das Foto in Größe 13 x 18 cm kleben Sie auf ein Blatt Papier, rundherum notieren Sie sich die Schülernamen.

▸▸ Im Internet findet sich unter www.namenmerken.de ein **Lernprogramm** zum Gedächtnistraining.

Denken Sie daran: Je konsequenter Sie am Schuljahresbeginn versuchen, sich die Namen der Schüler einzuprägen, umso schneller fühlen Sie sich sicher. Sie werden weniger Probleme im Unterricht und beim Beurteilen der Schüler haben.

Checkliste 15:
„Schüler"

Klären und bedenken Sie:	✓
Schüler werden nicht gedemütigt!	
Nicht jeder Schüler versteht Ironie und Scherze!	
Entwickeln Sie zu den Ihnen anvertrauten Schülern ein vertrauensvolles Verhältnis.	
Wahren Sie trotzdem Distanz.	
„Du oder Sie" – Welche Regelungen gibt es?	
Sich Schülernamen merken, ist unabdingbar. Wählen Sie einen Methodenmix aus: ■ Namensschilder ■ Sitzplan ■ Klassenfoto, beschriftet ■ ...	

 ## Die Eltern

 „Wenn ich Ihnen einen Tipp geben darf," wendet sich der Vater
von Ruth-Ida nach dem Elternabend an den neuen Klassenlehrer, Herrn W., *„bei manchen Eltern müssen Sie aufpassen.
Und bei Jan-Erik, ich sage Ihnen, den behalten Sie mal im
Auge. Also, im letzten Jahr, da saß der hinter meiner Tochter.
Was die mir so erzählt hat ..."* Robert W. hört sich die Rede
des Vaters geduldig an. Nach fünfzehn Minuten unterbricht er
ihn: *„Entschuldigen Sie, ich glaube ich werde mit der Klasse*

gut zurechtkommen. Aber vielen Dank für Ihre Hinweise.
Einen schönen Abend noch!"
Nun versteht Robert W. die Warnungen seines Haupt-
seminarleiters, an die er sich plötzlich wieder erinnert:
Die Eltern sind manchmal schwieriger und
oft viel komplizierter als die Schüler.

Damit ist eigentlich schon fast alles gesagt!

Informieren Sie sich über die Eltern Ihrer Schüler, lernen Sie diese kennen. Meistens lässt sich Schülerverhalten durch das Wissen über die Eltern und die familiäre Situation besser einschätzen. Es kann nie schaden, zu wissen, dass es sich z.B. um „Kollegenkinder" handelt.

Hier einige Verhaltensregeln für den Umgang mit Eltern:

▸▸ Es gibt viele Eltern, die ein **großes Interesse** daran haben, wie sich Schüler im Unterricht verhalten und wie ihr Leistungsstand ist. Lassen Sie sie nicht im Unklaren darüber. Auch wenn Sie den Eindruck haben, der eine oder andere Schüler sei vielleicht falsch an Ihrer Schule: Sprechen Sie es unbedingt an. Nicht immer erkennen Eltern das!

▸▸ Aber: Es gibt auch Eltern, die haben **kein Interesse** an der Entwicklung ihrer Kinder. Diese müssen Sie aber auch informieren. Und bei diesen ist es manchmal ganz besonders wichtig, dass sie über den Leistungsstand und das Verhalten ihrer Kinder informiert werden.

▸▸ „Ihre" Eltern sollten Ihnen sehr wichtig sein. Das macht vieles leichter. **Pflegen Sie guten Kontakt!** Teilen Sie den Elternvorsitzenden die wichtigsten Neuigkeiten und Infos möglichst zeitnah mit. Wenn Ihre Eltern eine Bitte an Sie haben und diese nicht zu weit geht, sollten Sie ihr nachkommen. Sie erleichtern sich damit das Leben ungemein. Denn so wird es auch Ihnen möglich sein, manchmal mit ungewöhnlichen Bitten bei den Eltern auf offene Ohren zu stoßen.

▸▸ Versuchen Sie, zu Ihren Eltern eine gute Beziehung aufzubauen und gleichzeitig genug **Distanz** zu wahren. Überlegen Sie genau, ob Sie den Eltern Ihre private Telefonnummer geben. Ich habe mich grundsätzlich dagegen entschieden. Ich möchte nämlich nicht morgens um 6.15 Uhr von Eltern darüber informiert werden, dass ihr Sohn wegen eines leichten Schnupfens vielleicht 10 Minuten zu spät zum Unterricht kommt. Sie verstehen schon ...

▶▶ Das Elternengagement ist von Schule zu Schule unterschiedlich. Wenn Sie Glück haben, unterrichten Sie an einer Schule in einer Gegend, wo es für Eltern selbstverständlich ist, sich zu engagieren. **Nutzen Sie Angebote von Eltern in jedem Fall!** Nicht berufstätige Väter und Mütter begleiten Sie bestimmt auf den Wandertag oder unterstützen Sie bei Klassenprojekten. Erkundigen Sie sich nach den Berufen der Eltern. Denken Sie aber daran, den Eltern zu sagen, warum Sie diese Hinweise brauchen: Natürlich nur dazu, um den Bäckermeister einmal zu besuchen und den Kindern zu zeigen, wie Brötchen entstehen. Und den Metzger brauchen Sie, weil der zum nächsten Klassenfest die Würstchen mitbringt. Für den Rechtsanwalt, den Arzt und den Maurer können Sie sich selber etwas ausdenken.

▶▶ Elternversammlungen sind wichtig. Denken Sie aber daran, dass nicht nur Sie abends bereits einen langen Arbeitstag hinter sich haben. Das betrifft auch die Eltern. Deswegen sollten Sie **Elternversammlungen** sehr gründlich vorbereiten und immer zügig durchführen. Versuchen Sie, mit den Eltern effektiv und konzentriert zu diskutieren. Haben Sie kein schlechtes Gewissen, wenn eine Elternversammlung kürzer als 60 Minuten dauert. Denken Sie nicht, die Eltern kämen auf den Gedanken, dass sich das „ja gar nicht gelohnt hat". Im Gegenteil, die Eltern werden Ihnen für eine zügige Durchführung immer dankbar sein. Verwechseln Sie aber zügig nicht mit oberflächlich!

Persönliche Elterngespräche sind sehr wichtig und sollten gerade in problematischen Situationen zeitnah durchgeführt werden. Wenn es ein Problem mit einem Schüler gibt, sollten Sie das Gespräch mit den Eltern nicht auf die lange Bank schieben. Dann kann es Ihnen nämlich ganz schnell passieren, dass Sie sich Vorwürfe der Eltern anhören müssen, warum Sie diese nicht früher informiert haben. Noch ein wichtiger Hinweis: Verschieben Sie diese Gespräche niemals auf den Elternsprechtag (vgl. Kap. 3.1), sondern vereinbaren Sie Extratermine.

Bevor Sie ein Elterngespräch beginnen, müssen Sie dieses vorbereiten (vgl. Checkliste 16). Machen Sie sich einige Stichpunkte zu den wichtigsten Themenbereichen, die angesprochen werden müssen. Oft wollen die Eltern zu folgenden Bereichen eine Auskunft bekommen:

Checkliste 16:
„Elterngespräch"

Leistungsstand in den einzelnen Unterrichtsfächern	
Verhalten und Mitarbeit im Unterricht	
Fehlzeiten	
Position in der Klassengemeinschaft	
Verhältnis des Schülers/ der Schülerin zum Lehrer	
Hausaufgaben (Quantität und Qualität)	
Möglichkeiten, Defizite aufzu- holen und Lücken zu schließen	
Erzieherische Tipps und Ratschläge	
Schullaufbahnberatung (Wiederholung, Schulwechsel, ...)	

Nach jedem Elterngespräch notieren Sie sich, welche Beschlüsse gemeinsam getroffen wurden. In manchen Schulen und Bundesländern ist es üblich, Elterngespräche zu protokollieren bzw. im Schülerbogen zu vermerken. Wie auch immer dieses bei Ihnen an der Schule gehandhabt wird, Sie sollten sich in jedem Fall ein kleines Protokoll zum Elterngespräch anlegen und dieses zu Hause abheften.

1.3 Fettnäpfchen vermeiden

In der Schule gibt es jeden Tag zahlreiche Fettnäpfchen, in die Sie treten, die Sie aber auch auslassen können. Sie werden nicht jedes umschiffen können. Bei dem einen oder anderen ist es jedoch wichtig, genau darauf Acht zu geben. Das Treten in ein solches Fettnäpfchen kann nämlich ernsthafte Konsequenzen haben.

Pausenaufsichten

Robert W. betritt das Lehrerzimmer und sieht von Weitem schon den roten Zettel in seinem Fach liegen. „Oh nein", stöhnt er. Er geht zu seinem Fach und nimmt die Mitteilung seines Schulleiters – immer gut an diesen roten Zetteln zu erkennen – aus dem Fach. Da steht: „An Herrn/Frau W., bitte um Rücksprache wg. Pausenaufsicht heute erste große Pause." Robert W. trifft es wie der Schlag. Wie konnte ich das nur vergessen, ärgert er sich im Stillen. Und gerade heute macht der Schulleiter einen Rundgang und kontrolliert ... Das ist ja ein toller Eindruck, den mein Chef da von mir bekommt.

Ich glaube, es gibt wenig, was so unangenehm und trotzdem so wichtig ist, wie das Wahrnehmen von Aufsichten, denn:

▸▸ Sie sind nach dem Schulgesetz dazu verpflichtet, die Schüler in den Pausen zu beaufsichtigen.

▸▸ Es ist Ihr pädagogischer Auftrag, während der Aufsichten positiv auf die Schüler einzuwirken.

▸▸ Kommt es in Pausen zu Streitigkeiten, Prügeleien oder anderen Problemen, werden Sie gefragt werden, was Sie dagegen unternommen haben und müssen ggf. auch mit rechtlichen Konsequenzen rechnen.

▸▸ Unfälle in Pausen, besonders auf dem Schulhof, werden durch Sie als Aufsicht nie ganz verhindert werden können. Trotzdem sind Sie im Zweifelsfall, auch wenn Sie einen Unfall gar nicht hätten verhindern können, dafür haftbar zu machen (Verletzung der Aufsichtspflicht).

Warum kann das Führen von Aufsichten unangenehm sein?
Ganz klar, es gibt viele Unklarheiten:

▸▸ Wann muss ich eine Aufsicht führen (Beginn und Ende)? Endet diese beim ersten oder beim zweiten Klingeln? Oder gibt es gar keine Schulklingel?

▸▸ Wo genau muss ich die Aufsicht eigentlich durchführen, und für welche Bereiche bin ich zuständig?

▸▸ Müssen eventuell Toiletten kontrolliert werden? Dürfen Lehrer auch in Mädchen-Toiletten und umgekehrt?

▸▸ Welche Räume müssen abgeschlossen werden, in welchen Räumen dürfen sich Schüler aufhalten?

▸▸ Was dürfen die Schüler in der Pause? Und in welchem Bereich?
   ▪ Ball spielen (mit welchen Bällen)?
   ▪ Tischtennis? Andere Spiele?
   ▪ Rauchen? Wer und wo?
   ▪ Auf die Toilette/in das Schulgebäude gehen?
   ▪ Das Schulgelände verlassen?

▸▸ Welche Konsequenzen gibt es bei Fehlverhalten von Schülerseite?
   ▪ Direkte Strafen oder Gespräche ("He, du da, heb das mal auf!" Der Übeltäter grinst und rennt weg. Was tun Sie?)
   ▪ Der Gang zum Schulleiter?
   ▪ Das Gespräch mit dem Klassenlehrer?

▸▸ Wie bekommen Sie die Namen von Schülern heraus, die sich in der Pause „unrühmlich" verhalten haben? (Fragen Sie einen fremden Schüler mal nach seinem Namen, der Klasse und dem Klassenlehrer – das wird Ihnen vermutlich nicht gelingen!)

▸▸ Jüngere Schüler behaupten mit Vorliebe, älter zu sein, nicht nur im Kino, sondern auch in der Schule, um mehr Rechte zu haben. Und die machen das wirklich mit Überzeugungskraft.

▸▸ Neuen Lehrern werden auch gerne Märchen erzählt wie „Das wurde uns aber sonst immer erlaubt!" – Verlassen Sie sich nicht auf Schüler, und antworten Sie: „Das ist mir egal, ich verbiete es euch!"

▸▸ Schüler, besonders ältere, reagieren auf Anweisungen recht träge. Da brauchen Sie Geduld. („Würdet ihr bitte zum Rauchen das Gelände verlassen?" Das kann dann noch fünf Minuten dauern.)

▸▸ Eventuell gibt es Schüler, die Ihnen schon im Unterricht auf die Nerven gehen und Sie dann auch noch während der Aufsichten belästigen. („Herr W., was machen wir denn heute in Spohort?" – „Sport!")

▸▸ Und wie verhält man sich bei handgreiflichen Auseinandersetzungen? Dazwischengehen und auch noch eine gelangt bekommen? Oder so tun, als hätte man nichts gesehen? Generell sind Sie immer verpflichtet, einzugreifen.

> *Das Buch „Man muss kein Held sein – aber …! vom Verlag an der Ruhr (ISBN 3-8346-0064-4) bietet Ihnen wertvolle Verhaltenstipps für Konfliktsituationen.*

▸▸ Aber Vorsicht! Legen Sie sich nicht mit Schülern an, wenn Sie selbst sowieso schon schlechte Laune haben. Versuchen Sie Ihren Standpunkt nachhaltig deutlich zu machen. Werden Sie nicht zu persönlich, und machen Sie sich nicht zum Kasper!

▸▸ Und noch ein ganz persönlicher Tipp: Gehen Sie, wenn Sie an einer Grundschule unterrichten, endlich gegen das falsche Deutsch an! („Herr W., der Jan-Erik tretet mich ständig!")

Pausenaufsichten zu führen, hat auch mehrere schöne Aspekte:

▸▸ Sie können sich die Beine vertreten und frische Luft schnappen.

▸▸ Kommen Sie mit Schülern auf einer informellen Ebene ins Gespräch.

▸▸ Sprechen Sie endlich mal wieder mit Schülern, die Sie früher einmal unterrichtet haben.

Es gibt Situationen, in denen die Schüler wetterbedingt in großen Pausen nicht auf den Hof gehen müssen oder sogar dürfen. Das kann starker Regen, ein Gewitter oder auch starker Schneefall sein. In solchen Situationen gibt es meist besondere Klingelzeichen, die anzeigen, wie man sich verhalten muss. Auf Sie kommen dann als Aufsicht besondere Aufgaben zu. Sie müssen ggf. Schüler vom Schulhof schicken und Schüler in der Schule beaufsichtigen. Erkundigen Sie sich über Ihre Aufsichtspflichten in diesen Fällen!

Für jede Aufsicht klären Sie am besten die in der Checkliste 17 zusammengestellten Aspekte. Informationen dazu finden Sie bestimmt in der Schulordnung Ihrer Schule.

Checkliste 17:
„Pausenaufsichten"

Klären Sie für folgende Aufsicht:		✓
Wochentag und genaue Zeit von bis:		
Zuständiger Bereich:		
Müssen Räume abgeschlossen werden?		
Müssen bestimmte Toiletten kontrolliert werden?		
Die Schüler	**dürfen:**	**dürfen nicht:**
Ball spielen (mit welchen Bällen)?		
Tischtennis?		
Andere Spiele? Welche?		
Rauchen? Wer und wo?		
Auf die Toilette?		
In das Schulgebäude gehen?		
Das Schulgelände verlassen?		
Bei schlechtem Wetter (Regenpause) muss ich mich so verhalten:		
Es gibt folgende Sonderregelungen:		
Was mache ich bei Verstößen gegen diese Regelungen?		

⌇ Verhalten bei Feueralarm

Nach einem halben Jahr in der Schule fängt Robert W. doch langsam an, sich zu wundern. Nun sitzt er bereits in der vierten Lehrerkonferenz, und zum vierten Mal wird über das richtige Verhalten bei Feueralarm diskutiert. Die Schule hat einen Brandschutzbeauftragten, der darauf hinweist, dass es bei der letzten Übung wieder die gleichen Probleme gab und dass das neue Brandschutzkonzept nun doch endlich umgesetzt werden müsse. Robert W. wendet sich verzweifelt an seinen Kollegen zur Rechten: „Hat es hier mal gebrannt? Oder warum diskutieren wir schon wieder dieses Thema?" – „Also, lieber Kollege, ich bin seit über zehn Jahren an dieser Schule Lehrer. In diesen zehn Jahren hat es kein einziges Mal gebrannt, es gab aber auch fast keine einzige Lehrerkonferenz, in der nicht über den Brandschutz diskutiert wurde!"

Der Brandschutz sollte sehr ernst genommen werden. Auch wenn an Ihrer Schule noch nie etwas passiert ist, ist es wichtig, dass jeder weiß, was im Falle eines Brandes zu unternehmen ist.

Üblicherweise ist Folgendes zu beachten:

▸▸ Beim Ertönen des Alarmsignals muss das Schulgebäude so schnell wie möglich geräumt werden.

▸▸ Alle Fenster des Klassenraums werden geschlossen.

▸▸ Das Klassenbuch wird mitgenommen.

▸▸ Die Tür des Klassenzimmers wird nicht abgeschlossen.

▸▸ Die Klasse begibt sich gemeinsam, in der Regel ohne Schulsachen und Jacken, zum Sammelplatz. Dabei ist der vorgesehene Fluchtweg einzuhalten. Dieser sollte für jeden Raum festgelegt sein.

▸▸ Beim Sammelplatz wird die Anwesenheit überprüft. (Aus diesem Grund ist es wichtig, dass Sie zu Beginn jeder Stunde überprüfen, ob alle fehlenden Schüler im Klassenbuch verzeichnet sind.)

▸▸ Fehlende Personen werden dem zuständigen Lehrer gemeldet.

▸▸ Wenn es sich um eine Übung handelt, begibt man sich nach dem Abschluss der Übung mit der Klasse gemeinsam zurück in den Klassenraum. Das Stattfinden der Übung wird im Klassenbuch vermerkt.

Bei **jüngeren Schülern** kann es vorkommen, dass diese während einer Feueralarmübung sehr aufgeregt sind, weil sie nicht wissen, dass es sich nur um eine Übung handelt. Manche Kinder fangen an, zu weinen. Hier ist es besonders wichtig, Rücksicht zu zeigen und zu erklären, dass nichts passieren kann, wenn sich alle an die vorgegebenen Regeln halten. Beruhigen Sie die Schüler!

Ältere Schüler wiederum machen sich einen Spaß aus solchen Übungen und nutzen die Gelegenheit, noch mal eben beim Bäcker ein Brötchen zu holen. Machen Sie vorher auf den Ernst der Lage aufmerksam, erwähnen Sie mögliche Strafen. Leider hilft oftmals nur das Drohen!

Machen Sie mit Ihren Schülern ein kleines Experiment. Begeben Sie sich auf den Flur an eine enge Tür. Geben Sie den Schülern den Auftrag, nach dem Startzeichen so schnell wie möglich als ganze Klasse durch die Tür zu kommen. Stoppen Sie die Zeit!

Nun lassen Sie die Schüler noch einmal durch die Tür gehen, allerdings in Zweierreihen, ohne zu drängeln. Stoppen Sie wieder die Zeit. Die Schüler und Sie werden feststellen: Beim zweiten Mal klappte es schneller!

Klären Sie am Anfang Ihrer Tätigkeit an Ihrer neuen Schule die besonderen Aspekte und Verhaltensweisen bei Feueralarm (siehe Checkliste 18). Informieren Sie sich auch darüber, wo sich der **„Erste-Hilfe-Raum"** befindet. Gibt es hier einen „Erste-Hilfe-Koffer" und sonstiges medizinisches Material? Gibt es einen Notfallordner mit wichtigen Telefonnummern und Hinweisen zu Schülern, die eine besondere medizinische Behandlung brauchen?

Checkliste 18:
„Verhalten bei Feueralarm"

Klären Sie:	✓
Wer ist verantwortlich für den Brandschutz?	
Wie klingt das Alarmsignal?	
Wie muss der Raum hinterlassen werden?	
Welcher Fluchtweg muss gewählt werden?	
Wo befindet sich der Sammelplatz?	
Wo ist ein „Erste-Hilfe-Raum"?	
Wo gibt es einen „Erste-Hilfe-Koffer" und weiteres medizinisches Material?	
Gibt es eine Liste der Ersthelfer?	
Gibt es einen „Notfall"-Ordner mit wichtigen Hinweisen für einzelne Schüler und wichtigen Telefonnummern?	

Bei Krankheit, Sonderurlaub und Fortbildungen

 Robert W. wird morgens wach, und sein Kopf scheint zu platzen. Die Grippe hat wohl auch ihn erwischt. Er entscheidet sich, wenigstens heute zu Hause zu bleiben. Vergeblich versucht er, den stellvertretenden Schulleiter zu erreichen. Es ist einfach immer besetzt, und die Zeit drängt. In einer halben Stunde fängt die erste Stunde an. Zehn Minuten vor Stundenbeginn endlich ein Freizeichen! Der Stellvertretende ranzt Robert W. an: „Na prima, Sie sind der Dritte! Sagen Sie Bescheid, wie lang es dauert, und denken Sie an den Krankenschein!" Robert W. geht mit schlechtem Gewissen zurück ins Bett.

Wenn Sie krank werden, können Sie nicht zur Schule gehen! Das ist klar. Sie sollten sich auch nicht so lange mit einer beginnenden Krankheit zur Schule schleppen, bis es gar nicht mehr geht. Denn dann dauert der Genesungsprozess meist viel länger, als wenn Sie sich gleich geschont hätten. Nur denken Sie bitte daran: Von Ihrem Fehlen sind in der Schule viele betroffen und müssen deshalb informiert werden (siehe Checkliste 19).

In der Regel wird der Vertretungsplan morgens vor Beginn der ersten Stunde erstellt. Das bedeutet für Sie: Wenn Sie an einem Morgen merken, dass Sie nicht zur Schule gehen können, melden Sie sich auf jeden Fall noch vor der ersten Stunde krank, auch, wenn Sie erst zur dritten Stunde Unterricht haben! So kann die Vertretung rechtzeitig organisiert werden.

Sie helfen der Planung an Ihrer Schule, wenn Sie Ihr Fehlen für den kommenden Tag bis zum Mittag melden. Das sind dann also zwei Anrufe: morgens für den aktuellen und bis zum Mittag für den nächsten Tag bzw. den voraussichtlich ganzen Zeitraum Ihrer Erkrankung. Den Stundenplanmacher Ihrer Schule können Sie bis zur Weißglut bringen, wenn Sie sich an drei Tagen hintereinander jeweils morgens krank melden!

Zu Ihrer Krankschreibung: Bei mehr als zwei aufeinander folgenden Fehltagen brauchen Sie eine Krankschreibung von einem Arzt.

Es gibt Menschen, vorzugsweise Arbeitgeber, die reagieren allergisch auf den Satz: Ich bin krankgeschrieben und kann deshalb nicht zur Arbeit kommen. Entweder Sie sind krank, nicht krankgeschrieben, dann können Sie deshalb nicht zur Schule kommen, oder Sie sind gesund, dann müssen Sie arbeiten gehen. Also, am Telefon immer: Ich bin krank und kann deshalb nicht zur Schule kommen.

Mir geht es manchmal so, dass ich denke: Ich fühle mich krank, habe aber nur drei Stunden zu unterrichten, also schleppe ich mich in die Schule; es ist ja nur für drei Stunden. Andererseits: Habe ich einen langen Tag vor mir und fühle ich mich krank, dann schleppe ich mich auch hin. Schließlich kann ich die viele Vertretung den anderen Kollegen nicht zumuten, außerdem schreibe ich bald eine Klassenarbeit, ich muss die Klasse 8a noch auf die Projektwoche vorbereiten und, und, und. Eine Kollegin, der ich von meinem jeweiligen Dilemma berichtete, kommentierte das nur mit den Worten „Na, dann wirst du wohl bei beiden Malen nicht richtig krank gewesen sein" – und ließ mich stehen.

Wenn Sie absehen können, zu welchem Termin Sie wieder in die Schule kommen können, teilen Sie auch dieses der Schule mit. So lässt es sich leichter planen, und alle sind Ihnen dankbar.

Gelegentlich wird es vorkommen, dass Sie einen oder mehrere Tage **Sonderurlaub bzw. Dienstbefreiung** aus besonderen Anlässen brauchen. Vielleicht ziehen Sie um oder heiraten die Liebe Ihres Lebens. Oder es gibt eine Geburt oder einen Todesfall in der Familie. Für diese Anlässe gibt es eindeutige Regelungen. Leider ist zu bemängeln, dass der Sonderurlaub aus privaten Gründen in den vergangenen Jahren immer weiter eingeschränkt wurde.

Ich habe die Erfahrung gemacht, dass es möglich ist, in schwierigen Situationen hier mit der Schulleitung auch individuelle Lösungen zu finden oder ggf. ausgefallene Stunden nachzuarbeiten, ohne den bürokratisch aufwändigen Weg des Antrags auf Dienstbefreiung zu begehen. In einem persönlichen Gespräch lässt sich oft eine gute Lösung finden. In manchen Situationen kann es auch notwendig sein, unbezahlten Urlaub zu beantragen.

Achten Sie schon zu Beginn Ihres beruflichen Lebensweges darauf, regelmäßig (also mindestens einmal pro Schuljahr) Fortbildungen zu besuchen.

Der Besuch von Fortbildungen hat mehrere Vorteile:

▶▶ Sie können sich in einem Bereich, der Sie besonders interessiert, weiter fortbilden und sich zusätzliche Kompetenzen aneignen.

▶▶ Sie lernen Kollegen kennen, die ein ähnliches Interessengebiet wie Sie haben.

▸▸ Fortbildungen zu besuchen, schafft Abwechselung, besonders wenn die Veranstaltung, was in letzter Zeit allerdings immer seltener der Fall ist, während der Schulzeit stattfindet.

▸▸ Wenn Sie nicht immer an der gleichen Arbeitsstelle bleiben wollen, können Fortbildungen positiven Einfluss auf Ihren weiteren beruflichen Werdegang haben.

Nachteilig am Besuch von Fortbildungen ist:

▸▸ Kollegen müssen Sie in der Schule vertreten.

▸▸ Da Fortbildungen oft bis in den Abend gehen, bleibt wenig Zeit zur Unterrichtsvorbereitung (ggf. müssen Sie sogar Material für den Vertretungsunterricht weitergeben).

▸▸ Sie sollten nach dem Besuch der Fortbildung Ihr neu erworbenes Wissen, z.B. im Rahmen einer Fachkonferenz, an die Kollegen weitergeben. Das ist gut für die Kollegen, aber aufwändig für Sie.

Bevor Sie sich für den Besuch einer Fortbildung entscheiden, klären Sie bitte mit Ihrer Schulleitung, wo besonderer Bedarf besteht. Wenn Sie eine gute Schulleitung haben, die Interesse an der Qualitätsentwicklung der Schule hat, wird sie auch in der Personalentwicklung besondere Schwerpunkte setzen wollen. Und Personalentwicklung ist nicht nur die Auswahl von Lehrern, die für die Schule besonders geeignet sind, sondern auch die regelmäßige Fortbildung des eigenen Kollegiums. Grundsätzlich sollten Sie Wert darauf legen, mit Ihrer Schulleitung gemeinsam Ihre Fortbildungsplanung durchzusprechen. Schließlich entscheidet Ihre Schulleitung, ob sie Sie für eine Fortbildung vom Unterricht befreit oder nicht.

Checkliste 19:
„Krankheit, Sonderurlaub und Fortbildung"

Klären Sie:	✔
Welche Regelungen gibt es für telefonische Krankmeldungen?	
Bis wie viel Uhr muss ich mich morgens abmelden?	
Ab dem wievielten Krankheitstag muss eine Krankschreibung her?	
Wie sieht es mit Fehltagen an Freitagen und Montagen aus? Gibt es hier besondere Regelungen (Attest vom Arzt)?	
Wenn Sie wissen, wann Sie wieder arbeiten können, in der Schule Bescheid sagen!	
Wie sieht es mit Dienstbefreiung bzw. Sonderurlaub bei privaten Anlässen aus?	
Denken Sie darüber nach, an welchen Fortbildungsthemen Sie kurzfristig, mittelfristig und langfristig Interesse haben:	
kurzfristig (im nächsten Jahr):	
mittelfristig (in ein bis drei Jahren):	
langfristig (irgendwann mal ...):	
Was denkt Ihre Schulleitung über Ihre Fortbildungspläne?	

✍ Die Frage mit der Kleidung – bei Schülern und Lehrern

*Robert W. bekommt folgendes Schülergespräch in der
5-Minuten-Pause mit: „Der Decks, ist das nicht der mit
den Pullis aus den 70er-Jahren?" „Nee, das ist Herr Weiß."
„Herr Decks ist der, der seine Hosen nie wechselt!"
„Ach ja, der stinkt auch so!"*

Einige Worte zu Ihrer Kleidung: Schüler beobachten ganz genau. Und
wenn Sie sich an Ihre eigenen Lehrer erinnern, dann werden Ihnen vor
allem Details der Bekleidung einfallen. Besonders Lehrer, die selber
eine etwas „ausgefallenere" Kleidung trugen, waren bekannt wie bunte
Hunde. Erinnern Sie sich an den Deutschlehrer mit der speckigen Leder-
weste? Oder denken Sie an die Englischlehrerin mit der altmodischen
Brille im Stil der 50er-Jahre? Vielleicht fällt Ihnen auch der Chemielehrer
ein, der immer den weißen, durchlöcherten Kittel trug. Oder Sie erinnern
sich an den Erdkundelehrer mit den khakifarbenen Cargohosen?

Sie sehen: Auch wenn Namen und pädagogische Ziele vergessen sind,
an Kleidung und Aussehen erinnert man sich. Das soll nicht heißen,
dass Sie sich nur deshalb extravagant kleiden müssen, damit Sie Ihren
Schülern lange im Gedächtnis bleiben. Sehen Sie es lieber so: Egal, ob
Schüler Sie nun lange oder kurz im Gedächtnis behalten, die Schüler
beobachten Sie genau. Das ist ja auch klar: **Sie stehen Tag für Tag auf
dem Präsentierteller, vor der Klasse!** Schüler beschäftigen sich unweigerlich nicht immer mit dem Thema. Sie zählen dann lieber Ihre „Ähs"
und „Ähms" oder analysieren Ihre Kleidung auf Flecken, Löcher oder
einfach nur darauf, ob sie modisch oder völlig „out" ist. Und das tagein,
tagaus! Wenn Sie nun drei Tage hintereinander die gleiche Bluse oder
das gleiche Hemd tragen, werden sich (oder Sie) Ihre Schüler schon
fragen, ob Sie noch mehr Kleidungsstücke haben. Das könnte peinlich
werden. Diese Frage ist auch nachvollziehbar. Bedenken Sie: Sie sehen
25 oder 30 Schüler, die alle unterschiedlich gekleidet sind. Ihre Schüler
hingegen sehen nur SIE (und manchmal in der Gruppenarbeit die immer gleichen drei anderen Mitschüler)!

Natürlich wird es immer so sein, dass es Schüler gibt, die etwas an Ihrer
Bekleidung auszusetzen haben. Sie werden nie alle zufrieden stellen können. Das sollen Sie aber auch gar nicht. **Kleiden Sie sich so, dass Sie
sich selber gut und sicher fühlen!** Das ist ganz besonders am Anfang

wichtig. Es sollte nicht zu schick und nicht zu alternativ sein.
Wie immer: Der Mittelweg ist am besten (siehe Checkliste 20).

Achten Sie aber immer auf ein gepflegtes Äußeres. Und das betrifft
nicht nur die Kleidung. Sie kommen im Unterricht gelegentlich in sehr
engen Kontakt zu den Schülern. Wenn Sie einem Schüler in seinem
Heft etwas zeigen wollen oder sich beim Gang durch die Klasse über
die Schulter eines Schülers beugen, dann sollten Sie sicher sein, dass
Sie ihn weder durch Mundgeruch noch durch Schweiß und erst recht
nicht durch andere Gerüche bzw. den übermäßigen Gebrauch von Parfum oder Rasierwasser belästigen.

Nach einem Abend in der Kneipe oder einer fröhlichen Feier mit Freunden werden Sie am nächsten Morgen eventuell immer noch nach Alkohol und Zigarettenrauch riechen. Vergessen Sie das nicht, auch wenn
Sie es selber nicht mehr wahrnehmen.

Fast noch schlimmer als das Gerede über die Kleidung des Neuen ist
das Gerede über Gerüche. Sie wissen ja, woran man einen guten Lehrer erkennt: an dem Klappern in seiner Hosentasche! Das ist die Dose
mit den Pfefferminz-Bonbons.

Bei der **Bekleidung und der Hygiene der Schüler** sieht es anders aus.
Wenn Sie Schüler wegen ihrer Kleidung kritisieren, werden Sie unter
Umständen Probleme bekommen. Vieles ist nämlich Geschmackssache.
Deswegen muss hier bei der Reglementierung ein gesundes Mittelmaß
gefunden werden.

▶▶ Welche Vereinbarungen gibt es bzgl. der Schülerkleidung an meiner
Schule, eventuell sogar zwischen Lehrern und Schülern?

▶▶ Was kann ich selber vertreten?

▶▶ Was ist nicht in Ordnung?

▶▶ Wie sehen die Schüler selber ihre Bekleidung und die ihrer Mitschüler?

Ich versuche immer, einen Mittelweg zu gehen. Den Schülern erlaube ich
grundsätzlich nicht, im Unterricht eine Kopfbedeckung zu tragen (Base
Caps oder Ähnliches). Auch Sonnenbrillen sind im Klassenraum nicht
unbedingt notwendig. Natürlich bilden Kopfbedeckungen aus religiösen
Gründen hier eine Ausnahme! Auch das Kaugummikauen, Essen und
Trinken toleriere ich im Unterricht nicht. Das Kaugummikauen vor allem
aus der Erfahrung heraus, dass Kaugummis nach dem Genuss in den

seltensten Fällen im Mülleimer, dafür aber mit an Sicherheit grenzender Wahrscheinlichkeit unter dem Schülertisch, dem Stuhl oder einfach auf dem Fußboden landen.

Das sind die Regeln für die Schüler. Den **Eltern** erläutere ich auf einer Elternversammlung noch einmal diese Regeln. Darüber hinaus teile ich den Eltern mit, dass ich erwarte, dass die Schüler halbwegs vernünftig und der Jahreszeit entsprechend bekleidet sind. Das betrifft übrigens vorwiegend Schüler in der schwierigen Zeit der Pubertät. Mit „halbwegs vernünftig" meine ich, dass ich keinen gesteigerten Wert darauf lege, permanent, wenn ich durch die Reihen gehe, über extrem tief getragenen Hosen auf String-Tangas blicken zu müssen.

Außerdem weise ich Eltern von Schülern in diesem Alter darauf hin, dass die hormonellen Veränderungen dazu führen, dass Schüler auch mehr Hygiene an den Tag legen müssen. Dazu gehört das regelmäßige Duschen. Betreten Sie einmal einen ungelüfteten Klassenraum, in dem 32 Schüler einer 8. Klasse sitzen, die vor 15 Minuten einen Fünftausendmeterlauf absolviert haben. Ein Tigerkäfig ist nichts dagegen!

Schüler, die unangenehm riechen, werden auch von ihren Mitschülern ausgeschlossen. Das sollte für Eltern ein wichtiges Argument sein, auf die körperliche Hygiene ihrer Heranwachsenden Wert zu legen. Irgendwann kommt eben der Zeitpunkt, an dem Schüler beginnen sollten, ein Deodorant zu verwenden.

Noch einmal in aller Deutlichkeit: Was die Kleidung und die Hygiene der Schüler betrifft, müssen Sie selber entscheiden, was Sie für richtig und vertretbar halten (und sich danach richten, was an Ihrer Schule verabredet wurde). Schaffen Sie klare Regeln für Ihre Schüler! Sprechen Sie ggf. mit Ihren Schülern darüber. In diesem Zusammenhang kommt bestimmt auch die Frage der „Schuluniform" auf, die oft von Schülern positiver gesehen wird als von Lehrern und Eltern.

Checkliste 20:
„Die Frage mit der Kleidung"

Klären Sie für Ihr Erscheinungsbild:	✓
Was tragen denn so die Kollegen?	
Will ich mich abheben oder anpassen?	
In welcher Kleidung fühle ich mich wohl und sicher?	
Abwechslungsreiche Kleidung ist auch für Schüler nicht so langweilig!	
Sauberkeit ist wichtig! ■ *Mundgeruch?* ■ *Schweiß?* ■ *Parfum?* ■ *Zigarettenrauch / Alkohol?*	
Immer ein paar Pfefferminz-Bonbons dabei!	
Für die Schülerbekleidung gilt:	
Kopfbedeckung?	
Sonnenbrille?	
Hygiene?	
Klare Regeln!	

Im Lehrerzimmer (Plätze, Schränke, Kaffeekasse)

Jedes Lehrerzimmer sieht anders aus. In jedem Lehrerzimmer gibt es Regeln und Gesetze, meist sind diese ungeschrieben und gelten für alle Ewigkeit. Manche erfährt man sofort, andere erschließen sich einem erst nach Jahren, einige vielleicht nie (vgl. Checkliste 21).

Grundsätzlich kann man **Lehrerzimmer** nach zwei verschiedenen Kategorien beurteilen. Die Unterscheidung ist ganz einfach: Es gibt Lehrerzimmer, in denen jeder seinen festen Platz an einem Tisch hat **(Typ 1)** und Lehrerzimmer, wo das nicht der Fall ist **(Typ 2)**.

Normalerweise merken Sie sofort, wenn Sie ein Lehrerzimmer betreten, ob es sich um Typ 1 oder Typ 2 handelt. Bei Typ 1 stapeln sich auf den „persönlichen" Tischen der Kollegen Bücher, Kopien, Zeitungen, Stifte, Klebstoff, Krepp-Papier, Kaffeetassen, Teebeutel, Scheren usw. Platz zum Arbeiten gibt es kaum. Typ 2 wirkt auf den ersten Blick aufgeräumter. Keiner hat seinen persönlichen Schreibtisch und seinen festen Platz. Deswegen kann auch keiner offensichtliche „Stapel" bilden. Aber wenn Sie auf die Suche gehen, werden Sie entsprechende Stapel auch hier finden. Vielleicht in Schränken oder in Ablagefächern, sicher in den Klassenräumen, ganz bestimmt aber bei den Kollegen zu Hause.

Wenn es an Ihrer neuen Schule das Lehrerzimmer des Typs 1 mit freier Platzwahl gibt, müssen Sie sich zu Beginn des Schuljahres einen Platz suchen – oder erkämpfen.

Orientieren Sie sich folgendermaßen:

▶▶ Wo haben im vergangenen Schuljahr eventuell Kollegen gesessen, die in diesem Schuljahr nicht mehr an der Schule sind? Fragen Sie so schnell wie möglich nach! Sonst ist der Platz durch einen Kollegen besetzt, der mit einem Arbeitsplatz nicht auskommt und einen zweiten beansprucht. Hier gilt der altbekannte Grundsatz: Wer zuerst das Lehrerzimmer betritt, kann sich den schönsten Platz aussuchen!

▶▶ In welchem Bereich des Lehrerzimmers sitzen Kollegen, an denen Sie sich orientieren wollen? Im Lehrerzimmer ist die Grüppchenbildung sehr ausgeprägt. Es gibt tatsächlich Lehrerzimmer, da sitzen alle Latein- und Griechischlehrer in einer Ecke an einem Tisch. Können Sie sich so etwas vorstellen? Oft ist es so, dass sich kleine „Fächerschwerpunkte" bilden. Das hat natürlich auch praktische

Gründe, die Sie ernst nehmen sollten: Informelle Absprachen, der Austausch von Materialien und die gemeinsame Planung von Vorhaben können so viel leichter organisiert werden.

Auch wenn es keine festen Plätze im Lehrerzimmer gibt, werden Sie sich unter Umständen wie in der Kirche vorkommen: Vor dem Gottesdienst suchen Sie sich eine breite, freie Bank. Eine Minute vor Gottesdienstbeginn kommt eine ältere Dame und flüstert in energischem Ton nur das eine Wort: „Wegrücken!" Sie wollen etwas erwidern, schließlich ist die Kirche halbleer. Das verkneifen Sie sich dann und suchen sich einen anderen Platz. Sie konnten ja nichts von diesen Stammplätzen ahnen. So kann es Ihnen auch in der Schule gehen: „Wir haben zwar keine feste Sitzordnung, Sie sitzen aber trotzdem auf meinem Platz!"

Spätestens wenn Sie mit dem ersten Stapel Klassenarbeiten unterm Arm im Lehrerzimmer ankommen, müssen Sie sich auch Gedanken über Ablageflächen machen, die Ihnen zur Verfügung stehen. Einige Materialien für den Unterricht werden Sie sicher im Lehrerzimmer ablegen (aber keinesfalls lagern) können. Gibt es sonst noch Möglichkeiten, z.B. abschließbare Fächer, in denen Sie einige Klassensätze, Kopien und Ihre wichtigsten Bücher deponieren können? Gelegentlich müssen auch mal ein kleinerer Geldbetrag oder die eigenen Wertsachen zurückgelassen werden. Auch hier wäre ein eigener, abschließbarer Schrank (oder ein Schränkchen) hilfreich.

In einem eigenen **Fach** können Nachrichten und Briefe an Sie hinterlegt werden. Diese Fächer werden meist regelmäßig von der Schulsekretärin mit Prospekten, Katalogen und Rundschreiben gefüttert. Bei Vernachlässigung tritt Übersättigung ein. Deswegen empfiehlt sich ein regelmäßiges Leeren!

Ihre **Garderobe** möchten Sie sicherlich nicht ständig mit sich herumschleppen. Und den langen, grauen Mantel einfach im Lehrerzimmer über den eigenen Stuhl hängen, das geht nicht. Also an die Garderobe. Aber denken Sie daran, es ist wie im Restaurant. An der Garderobe im Lehrerzimmer hängt ein imaginäres Schild mit den Worten „Benutzung der Garderobe auf eigene Gefahr."

Einige wichtige Formalien zum Lehrerzimmer sollten Sie noch beachten:

▸▸ Klären Sie, ob und wann das Lehrerzimmer abgeschlossen werden muss, denn: Sie korrigieren nach der letzten Unterrichtsstunde noch ein paar Diktate und merken erst, als es draußen langsam dunkel wird, wie spät es eigentlich ist. Nun also ab nach Hause. Lehrerzimmer abschließen, und welcher Schulausgang ist nun noch offen?

▸▸ Dürfen Schüler oder Eltern das Lehrerzimmer betreten? Gibt es eventuell einen Besprechungsraum für Schüler- und Elterngespräche?

Das Gleiche gilt natürlich auch für andere Verwaltungsräume, wie Teeküche, Kopierraum und Erste-Hilfe-Raum.

Mit der **Kaffeeküche** eines Lehrerzimmers ist das so eine Sache. Wenn es bei so manchem Kollegen zu Hause auch so aussieht wie in der Kaffeeküche, dann möchte ich bei diesem Kollegen nie privat zum Essen eingeladen werden. Machen Sie sich einmal den Spaß, und schauen Sie nach, wie viele Lebensmittel im Kühlschrank der Kaffeeküche bereits über dem Mindesthaltbarkeitsdatum sind.

Zwei Dinge, die meist nicht funktionieren (vielleicht ist es bei Ihnen anders?):

1. Keiner wäscht die gebrauchten Tassen ab oder stellt sie wenigstens in die Spülmaschine (wenn es denn eine gibt). „Keiner" stimmt natürlich nicht ganz. Einige liebe Kollegen nehmen diese Arbeit immer wieder auf sich. Aber es sind immer dieselben, genauso sind es immer wieder dieselben, die ihr Geschirr nicht wegstellen können. An weiterführenden Schulen können eventuell Schüler gegen ein Taschengeld die Pflege der Kaffeeküche übernehmen. Oder aber Putzfrauen übernehmen diese Arbeit. Aber will man sich ernsthaft vor diesen blamieren?

2. Keiner kauft Kaffee, Teebeutel und Milch ein, wenn die Vorräte aufgebraucht sind. Aber auch das ist natürlich nicht ganz genau: Auch hier sind es wieder immer die Gleichen, die für die Bevorratung sorgen (wahrscheinlich diejenigen, die auch abwaschen ...). Und einige Kollegen trinken über Jahre hinweg jeden Tag Tee, ohne jemals selber für Nachschub gesorgt zu haben. Vielleicht gibt es eine Kaffee-

kasse, in die regelmäßig eingezahlt wird. Auch wenn Sie nicht regelmäßig aus der Gemeinschaftskanne trinken, sollten Sie sich doch gelegentlich an der Sammlung für neue Einkäufe beteiligen.

Checkliste 21:
„Im Lehrerzimmer"

Klären Sie:	✔
Kann ich mir einen festen Platz im Lehrerzimmer erobern?	
Wo gibt es noch freie Tische?	
Wo sitzen Kollegen aus meinen Fächern?	
Zu welcher Gruppe möchte ich mich gesellen?	
Gibt es persönliche, abschließbare Schränke? Den Schlüssel hat bestimmt der Hausmeister!	
Können Wertsachen während des Unterrichts im Lehrerzimmer sicher aufbewahrt werden?	
Wo befindet sich mein Fach? Regelmäßiges Leeren hilft!	
Wo gibt es eine Garderobe?	
Wird das Lehrerzimmer abgeschlossen? Wann?	
Dürfen die Schüler oder Eltern (z.B. wegen Gesprächen) das Lehrerzimmer betreten?	
Kaffeeküche:	
Daran denken, falls kein Abwasch organisiert ist: Hin und wieder zum Spüllappen greifen!	
Gibt es eine Kaffeekasse? Ansonsten: Gelegentlich Tee für die Gemeinschaft beisteuern!	

Konflikte im Kollegium

Egal, ob Sie in einem kleinen oder in einem großen Kollegium arbeiten, **Konflikte** gibt es überall. Und das ist auch nachvollziehbar: Wo unterschiedliche Menschen mit unterschiedlichen Ansichten und verschiedenen Interessengebieten bzw. Fächern miteinander lange Zeit verbringen müssen, kommt es zwangsläufig zu Reibungen und Streitigkeiten.

Dazu kommt, dass interpersonale Konflikte in Stress-Situationen oder in Situationen mit großem Handlungsbedarf besonders häufig auftreten. Und gerade diese Situationen sind in der Schule und im Lehrerzimmer an der Tagesordnung.

Dabei kann es dann passieren, dass der Konflikt nicht offen zu Tage tritt, sondern nur in Ihnen selber ein Unwohlsein verursacht. In diesem Fall sind Sie z.B. mit der Handlungsweise eines Kollegen nicht einverstanden, haben dieses aber noch nicht konkret zur Sprache gebracht.

Denken Sie zuerst darüber nach, worin genau Sie das Problem sehen. Definieren Sie Ihr Problem. Stellen Sie dann für sich fest, wie Sie in einer ähnlichen Situation beim nächsten Mal reagieren können. Wenn Sie sich selber eine Strategie zurechtlegen, werden Sie beim nächsten ähnlichen Konflikt umso mehr erreichen (vgl. Checkliste 22).

Zu einem (interpersonalen) Konflikt gehören immer zwei Personen. Bedenken Sie, dass ein Konflikt dann entsteht, wenn sich Ihre Ansichten mit denen des anderen nicht vereinbaren lassen. Sie versuchen, den anderen von Ihrer Position zu überzeugen, der andere versucht das Gleiche mit Ihnen. Dabei konzentriert sich jeder so stark auf seine eigene Sicht und seine eigene Lösung des Problems, dass die Sicht des anderen nur sehr schwer zu verstehen, geschweige denn, zu akzeptieren ist. Die gegenseitige Schuldzuweisung führt dazu, dass man kaum die Möglichkeit hat, eine Lösung anzunehmen.

Dazu kommt noch, dass der klassische Kompromiss eigentlich die schlechteste Lösung ist. Denn im Kompromiss können sich beide Streitende nur sehr halbherzig aneinander annähern.

Oft kommt es vor, dass Konflikte in einem Kollegium seit Jahren gären, ohne dass sie richtig angegangen und bearbeitet wurden. Dann wissen die Streithähne vielleicht schon lange nicht mehr, worum es ursprünglich einmal ging. Als Neuling kennen Sie diese Konflikte nicht und können sich an der einen oder anderen Stelle nur wundern. Über die Konflikte selber werden Sie selten etwas erfahren. Dennoch sollten Sie sensibel sein für Stimmungen. Konfliktsituationen können so vermieden werden, und Sie treten nicht in ein weiteres Fettnäpfchen, wenn Sie sich über Kollege X bei Kollege Y beschweren.

Mit welchen Konflikten müssen Sie als Neuling rechnen?

▸▸ Erfahrene und ältere Kollegen werden Ihnen zunächst mit viel Skepsis oder mit großer Offenheit begegnen. Bei den **Skeptikern** sollten Sie mit Vorschlägen zu einem veränderten Unterricht behutsam vorgehen, sonst ernten Sie nur ein Lächeln, das sagen soll: Komm du erst mal in unser Alter. Offenere Kollegen werden sich von selbst für Sie und neue Unterrichtsmethoden interessieren.

▸▸ Seien Sie selbstbewusst, und lassen Sie sich nicht in Ihren Unterricht hineinreden! Nehmen Sie gut gemeinte **Hinweise und Kritik** jedoch ernst.

▸▸ Vielleicht provozieren Sie mit einem bestimmten Verhalten Ihre Kollegen, ohne es zu merken. Dann wird diesen irgendwann die „Hutschnur platzen", und es kommt zum Konflikt. Meist sind es **Kleinigkeiten** wie diese:
- Sie waschen nie Ihre Kaffeetasse ab.
- Sie grüßen nicht bei Begegnungen auf dem Flur und halten dem anderen auch nicht die Tür auf (natürlich nur aus Versehen).
- Sie lassen jedes Mal nach dem Kopieren die Abdeckung vom Kopierer offen und haben auch noch nie Papier nachgelegt.
- Sie lassen gelegentlich die Tür vom Klassenzimmer offen, um frische Luft in den Raum zu lassen.
- Sie schicken Schüler zum Kreideholen, statt selber zu gehen.

▸▸ Sie sind als **Klassenlehrer** für Ihre Klasse verantwortlich. Vielleicht werden von Kollegen, die auch in der Klasse unterrichten, Wünsche an Sie herangetragen. Das könnte z. B. die Sitzordnung betreffen („Herr W., ich kann so nicht arbeiten. Können Sie bitte diesem neumodischen Schnickschnack mit den Gruppentischen ein Ende bereiten?" oder „Jan-Erik und Ruth-Ida streiten sich permanent, bitte setzen Sie einen von beiden um. Danke!"). Das könnte aber auch disziplinarische Anliegen („Rufen Sie bitte dringend mal bei Jan-Eriks Eltern an. So kann das nicht weitergehen!") oder Fragen der Unterrichtsgestaltung („Ich möchte in Latein mit dem Konjunktiv beginnen,

Checkliste 22:
„Konflikte im Kollegium"

Klären Sie:	✓
Konflikte im Kollegium:	
Gibt es Konfliktparteien im Kollegium? Wenn ja, welche?	
Woher rührt dieser Konflikt?	
Bei eigenen Konflikten:	
Wie sah der Konflikt konkret aus?	
Was war meine Position?	
Was war die Position des anderen?	
Welche Lösung gab es, und war diese für mich in Ordnung?	
Gibt es einen Kompromiss, mit dem beide Seiten leben können?	
Bei einem ähnlichen Konflikt verfolge ich diese Strategie:	
Diese konfliktträchtigen Situationen könnten entstehen:	
Diese Lösungsmöglichkeiten gibt es:	

das geht aber nur, wenn Sie endlich den Schülern den Unterschied zwischen Konjunktiv 1 und Konjunktiv 2 erklärt haben!") betreffen. Übernehmen Sie nicht alle Aufgaben und Bitten, die an Sie herangetragen werden, kritiklos. Durchdenken Sie bitte jedes Mal,

- ob das wirklich Ihre Aufgabe ist und
- ob Sie diese Angelegenheit auch so sehen und so vertreten können.

▸▸ Sie verstoßen gegen Regeln, die Sie nicht kennen und die auch nirgends schriftlich festgehalten sind (siehe Kap. 1.3 „Das war schon immer so …")

„Das war schon immer so …"

Robert W. sitzt gedankenverloren an seinem Platz im Lehrerzimmer. Plötzlich wird die Tür aufgerissen. Carola M., Geschichtslehrerin, kommt mit hochrotem Kopf in den Raum gestürmt. Sie baut sich vor Robert W. auf: „Wieso wollen Sie am Wandertag mit Ihrer Klasse eigentlich alleine was unternehmen? Das haben wir an dieser Schule nie gemacht!" Sie dreht sich um und will gehen.
Robert W. kann sie gerade noch aufhalten. Er versucht es in einem ruhigen und gelassenen Ton. „Entschuldigen Sie, Frau M., ich wusste nicht …" Carola M. bleibt abrupt stehen und blickt ihn über die Schulter an: „Seit ich an dieser Schule bin," keift sie, „und das ist wahrlich nicht erst seit gestern, ist es selbstverständlich, dass die neuen Klassen den ersten Wandertag gemeinsam durchführen. Das war schon immer so!" Robert W. schaut nun drein wie ein begossener Pudel …

Hier betreten wir ein schwieriges Terrain. Denn: Das, was „schon immer so war", ist schwierig zu erfassen. Das liegt an zwei besonderen Eigenschaften dieser **„Regelungen"**:

1. Wenn etwas schon immer so war, braucht es nirgendwo schriftlich vereinbart, geschweige denn, festgehalten zu werden. Das bedeutet für Sie: Sie können es nirgendwo nachlesen und nachvollziehen.

2. Wenn etwas schon immer so war, braucht auch niemand viele Worte darüber zu verlieren. Man versteht sich, man weiß, wo es langgeht, und es ist klar, wie man sich zu verhalten hat. Sie, als Junglehrer, erfahren von bestimmten Regelungen nichts und treten damit unweigerlich ins Fettnäpfchen.

Es gibt viele Regelungen, die gerade nicht geregelt sind (siehe Checkliste 23). Einige sind in diesem Kapitel schon ausführlich genannt und erläutert worden. Dazu gehören natürlich Dinge wie ...

- Sitzplätze und Verhalten im Lehrerzimmer,
- Kaffeetasse und Kaffeekasse,
- Kooperationsregeln (z. B. Wandertage etc.),
- Aufsichten,
- Traditionen im schulischen Jahresablauf (Konzerte, Feiern etc.).

Ein wichtiger Bereich, der oft sehr unterschiedlich gehandhabt wird und bei dem trotzdem jeder davon überzeugt ist, dass jeweils das eigene Verhalten natürlich dasjenige ist, welches „schon immer so war", ist der Umgang mit den Schülern: Wie gehe ich mit Schülern um? Was erlaube ich Schülern, und wo muss ich Grenzen setzen? Welches Verhalten im Unterricht kann ich tolerieren, und wo muss ich „Härte" zeigen? Dürfen die Schüler im Unterricht Kaugummi kauen? Sie werden es kaum glauben: Aber zu diesem Thema gibt es unter Lehrern mindestens so viele Meinungen wie Parteien in der Weimarer Republik.

Manchmal sind es nur Kleinigkeiten. Manchmal sind es aber auch wirklich wichtige Regelungen oder Verhaltensweisen, um die es hier geht. Seien Sie darauf gefasst: Es wird Ihnen vielleicht gelegentlich wie Robert W. gehen. Und bestimmt werden Sie mit einem Hinweis auf die Ihnen fehlende Erfahrung auf Verständnis stoßen. Gelegentlich müssen Sie jedoch auch unter der Ihnen fehlenden Erfahrung leiden. Dann denken Sie daran, dass Sie später, wenn Sie selber alt und weise sind, neuen jungen Kollegen mehr Verständnis entgegenbringen.

Darüber hinaus gebe ich Ihnen den Tipp, dass Sie Ihre Kollegen danach befragen, was an der Schule neben den offiziellen Regelungen so zu beachten ist. Wenn Ihren Kollegen nichts Konkretes einfällt, dann helfen Sie ihnen doch mit ein paar Stichwörtern (siehe oben) auf die Sprünge.

Gelegentlich wird es Ihnen auffallen: **Kollegen** begründen ihr eigenes Verhalten (manchmal ist es sogar ein Fehlverhalten) damit, dass das

„doch schon immer so war". Seien Sie skeptisch! Denken Sie nach! Fragen Sie nach! Manchmal war die Sache nämlich gar nicht „schon immer so". Dann ist das „Das war doch schon immer so" nur eine faule oder schlaue Ausrede, um das eigene Verhalten zu rechtfertigen. Denn wenn etwas „schon immer so war", kann das ja auch so weiter gemacht werden. Es hat sich ja bewährt.

Am Beginn dieses Schuljahres lagen die Telefonlisten des Kollegiums nicht wie im Vorjahr bei jedem Lehrer im Fach. Auf mein Nachfragen antwortete mir eine Kollegin: „Die bekommst du im Sekretariat. Das war doch schon immer so!" Meinen Verweis auf das letzte Schuljahr tat sie als falsch ab. Die Nachfrage im Sekretariat ergab dann, dass tatsächlich ich Recht hatte und die Sekretärin es am Beginn dieses Schuljahres nur noch nicht geschafft hatte, die Listen in unsere Fächer zu legen. Also, seien Sie skeptisch, wenn jemand sein Verhalten mit „Das war doch schon immer so" rechtfertigt. Wahrscheinlicher ist dann, dass es eigentlich noch nie so war – oder fast nie.

Checkliste 23:
„Das war schon immer so ..."

Klären Sie:	✓
Gibt es in der Schule Regeln, die „Konsens" sind, ohne dass sie jemals schriftlich festgehalten wurden?	
Gibt es Rituale, die üblich sind?	
Gibt es einen Konsens über toleriertes Schülerverhalten und ggf. Konsequenzen?	
Überprüfen Sie jedes „Das war schon immer so" auf:	✓
War es tatsächlich schon immer so?	
Ist es sinnvoll, daran festzuhalten, nur weil es schon immer so war?	
Welche Alternativen gibt es?	

2 Im eigenen Fachbereich

> 99 ... gib mir die Gelassenheit,
> Dinge hinzunehmen, die ich nicht
> ändern kann, den Mut, die Dinge
> zu ändern, die ich ändern kann, und
> die Weisheit, das eine von dem
> andern zu unterscheiden. 66

Reinhold Niebuhr

Wie überall, so gilt auch hier: Dank der Bildungshoheit der Länder herrscht große Begriffsvielfalt. Ob Fachbereich, Fachschaft oder Fachkonferenz, gemeint ist immer die Gruppe von Lehrern, die eine gemeinsame Schnittmenge (Sie merken, ich bin in den frühen 70er-Jahren zur Schule gegangen!) bilden, nämlich das Fach, das sie unterrichten.

2.1 Schulinternes Curriculum

Die Vorgaben in den **Rahmenplänen** vieler Bundesländer erwarten inzwischen von den Schulen, dass schulinterne Curricula erarbeitet werden. In der Regel bieten diese schulinternen Erarbeitungen Hilfen zur eigenen Unterrichtsplanung. Aber sie sind noch mehr als das. An Schulen, wo Kooperation zwischen Kollegen, aber auch zwischen Schülern unterschiedlicher Lerngruppen, Klassen und Klassenstufen groß geschrieben wird, ist es geradezu konstituierend, sich an diese schulinternen Curricula zu halten.

Darüber hinaus müssen Sie sich an das **schulinterne Curriculum** halten, weil dieses natürlich in den folgenden Klassenstufen aufeinander aufbaut. Stellen Sie sich nur vor, Sie wollen als Deutschlehrer in der 8. Klasse den Roman zusammenfassen lassen und Ihr Vorgänger hat in der 7. Klasse vergessen, den Schülern beizubringen, wie man eine Inhaltsangabe schreibt.

Bitten Sie Ihren Fachvorsitzenden, Ihnen Informationen darüber zukommen zu lassen, wie der Stoff in den unterschiedlichen Klassenstufen verteilt ist. Falls es keine Übersicht gibt, was eher eine Ausnahme darstellt, so legen Sie sich in jedem Fall eine solche an (siehe Checkliste 24). Dort sollten Sie genau festhalten, wann welches Thema behandelt wird. Sie sollten sich auch Notizen über geeignete Methoden machen. Für den Deutschunterricht würde hier auch dazu gehören, welche Literatur in welcher Klassenstufe behandelt wird. In Kunst könnte die Frage sein, in welcher Jahrgangsstufe welche Epoche oder welcher Künstler durchgenommen wird. Überprüfen Sie Ihre Übersicht anschließend unbedingt mit den inhaltlichen und methodischen Vorgaben der Lehrpläne. Beachten Sie zusätzlich auch die durch die zentralen Lernstandserhebungen, Abschlussprüfungen usw. festgelegten Prüfungsschwerpunkte.

Checkliste 24:
„Schulinternes Curriculum"

Klären Sie wichtige Themen in den Klassenstufen: Fach: _____	✓
Zeit	Thema	

2.2 Wer macht was?

In einem Fachbereich gibt es zahlreiche Aufgaben wahrzunehmen (vgl. Checkliste 25). Viele dieser Aufgaben wird wahrscheinlich der Fachvorsitzende übernehmen, einige Aufgaben werden aber bestimmt auch die Fachlehrer erledigen.

Die Aufgaben, die im Fachbereich anfallen, unterscheiden sich natürlich je nach Fachbereich voneinander. In den Naturwissenschaften oder im Kunstfachbereich wird viel „Material", in Latein hingegen werden wohl eher alte Bücher als alte Steine bewegt. Welche Aufgaben könnten also anfallen?

Diese Aufgaben werden am ehesten vom Fachvorsitzenden wahrgenommen:

▸▸ Einladung zu Fachkonferenzsitzungen und deren Durchführung

▸▸ Behandlung von fachdidaktischen Themen auf Fachkonferenzsitzungen

▸▸ Vorlage von Klassenarbeiten (ggf. auch an die Schulleitung!)

▸▸ Überblick über die Lehr- und Lernmittel

▸▸ Überblick über die Finanzen des Fachbereichs

▸▸ Hinweise zu Änderungen bei Gesetzen und Verordnungen, Rahmenplänen etc.

▸▸ Planung fachbereichsübergreifender Projekte

▸▸ Anregungen zu neuen und innovativen Materialien und Themen

▸▸ Hinweise zu neu erschienenen bzw. überarbeiteten Schulbüchern

▸▸ Teilnahme an Sitzungen der Fachvorsitzenden in der Schule und überschulisch (z.B. auf Kreisebene)

Diese Aufgaben kann der Fachvorsitzende übernehmen, sie könnten aber auch durch andere ausgeführt werden:

▸▸ Verwaltung der Schülerbücher

▸▸ Verwaltung der Lehrerbibliothek des Fachbereichs

▶▶ Verwaltung der Sammlung / Materiallager

▶▶ Verantwortung für den Einkauf (z.B. von Zeitschriften)

▶▶ Verwaltung der Finanzen (Diese Person ist sehr wichtig, denn sie entscheidet im Zweifelsfall darüber, ob Sie das tolle neue Buch zur Projektarbeit aus dem Verlag an der Ruhr für die Lehrerbibliothek kaufen dürfen ...)

▶▶ Durchführung oder Verantwortung von Projekten und Aktionen

Aber auch die Fachkonferenz hat wichtige Aufgaben wahrzunehmen:

▶▶ Einführung zugelassener Schulbücher

▶▶ Beobachtung der Lernentwicklung der Schüler

▶▶ Festlegung der Kriterien der Leistungsbewertung

▶▶ Fachliche Fortbildung

▶▶ Regelungen zum fächerübergreifenden Unterricht

▶▶ Beratung über Maßnahmen zur Qualitätsentwicklung im Fachunterricht

Sie können sich in Ihrem Fachbereich engagieren, wenn Sie eine der oben genannten Aufgaben übernehmen. Aber bedenken Sie: Am Anfang Ihrer Berufstätigkeit haben Sie genug mit der Vorbereitung und Durchführung von Unterricht zu tun. Übernehmen Sie erst Aufgaben, wenn Sie sicher sind, dass Sie diese Aufgaben auch zufrieden stellend erledigen können. Ansonsten sagen Sie lieber „Nein" mit dem Hinweis auf Ihren Neueinstieg und dem Verweis darauf, später gerne engagiert im Fachbereich mitzuarbeiten. Übrigens: Das „Nein-Sagen" gehört sicherlich zu den Aufgaben, die Junglehrer unbedingt als Erstes trainieren sollten!

Checkliste 25:
„Wer macht was?"

Klären Sie die Aufgabenverteilung im Fachbereich! Fach:		✓
Aufgabe:	**Zuständig:**	
Schülerbücher		
Lehrerbibliothek		
Finanzen		
Anschaffungen		
Sammlung/Material		
Projekte, Aktionen		

2.3 Wo finde ich was?

Welche **Räume** gehören zu Ihrem Fachbereich? Haben Sie sich schon einmal umgeschaut? Mögliche Räumlichkeiten Ihres Fachbereichs können z.B. sein (vgl. auch Checkliste 26):

- Unterrichtsräume
- Vorbereitungsräume
- Lehrerbibliothek
- Schülerbücherlager
- Materiallager
- Archiv
- Sonstige Räume (Projekt-, Computer- und Medienräume)

Auch hier ist es Aufgabe des Fachvorsitzenden, Sie in die Begebenheiten dieser Räume einzuführen. Er wird Ihnen in der Regel zeigen können, wo die Räume sind, wofür Sie welche Schlüssel brauchen und wo Sie diese erhalten können.

Sprechen Sie Ihren Fachvorsitzenden in jedem Fall an, und bitten Sie ihn,

1. Sie durch die Räume zu führen.

2. Ihnen alle notwendigen Schlüssel zu übergeben und Ihnen zu zeigen, wo weitere Schlüssel (z.B. für Schränke) zu finden sind.

3. Sie mit den Ausleihkriterien vertraut zu machen.

4. Ihnen die Besonderheiten und Eigenheiten der Sammlung zu erklären und Ihnen einen Überblick zu verschaffen, auf welche Materialien im Unterricht zurückgegriffen werden kann.

5. Sie auf wichtige Sicherheitshinweise aufmerksam zu machen und Ihnen die Fluchtwege im Falle einer Notsituation oder eines Feueralarms zu zeigen.

Checkliste 26:
„Wo finde ich was?"

Sehen Sie sich in Ihrem Fachbereich gründlich um! Fach: _____		✓
Raum:	**Raumnr.:**	
Unterrichtsräume		
Vorbereitungsräume		
Lehrerbibliothek		
Schülerbücherlager		
Materiallager		
Archiv		
Sonstige Räume:		
Wichtige Regeln zur Benutzung der Räume:		

2.4 Eingeführte Schulbücher und Unterrichtsmaterialien

Für Ihr Fach gibt es von zahlreichen Verlagen die verschiedensten **Schulbücher** (siehe Checkliste 27). Wenn Sie (noch) Referendar sind, dann wissen Sie, dass Sie bei den großen Verlagen zu sehr günstigen Konditionen Schulbücher, Schülerarbeitshefte und dazu passende Lehrerhandbücher erstehen können. Nutzen Sie diese Chance für die an Ihrer Schule eingeführten Unterrichtsbücher.

Außerdem ist es vielen Schulen möglich, das Kollegium mit jeweils einem Exemplar der verwendeten Schulbücher zu versorgen. Das kann eine große Hilfe sein, Sie haben dann nämlich die Möglichkeit, zu Hause zur Unterrichtsvorbereitung ein Buch verwenden zu können, dass Sie nicht jeden Tag mit in die Schule schleppen müssen.

Oft ist es so, dass es verschiedene Lehrbücher gibt, die parallel verwendet werden, weil die Schule von verschiedenen Verlagen Bücher angeschafft hat. Manche Schulen einigen sich aber auch darauf, in einer bestimmten Klassenstufe nur mit einem bestimmten Buch zu arbeiten. Sollte dies der Fall sein, so ständen Sie nicht vor der Qual der Wahl, mit welchem Lehrbuch Sie arbeiten müssten. Ihnen würde erspart bleiben, die vorhandenen Bücher mit Ihren Vorstellungen von Unterricht und den Gegebenheiten der Rahmenpläne zu vergleichen. Das ist eine große Arbeitserleichterung!

Sollten Sie sich zwischen verschiedenen Schulbüchern einer Klassenstufe entscheiden müssen, empfehle ich Ihnen, ein Schulbuch zu verwenden, mit dem Sie bereits (z.B. im Referendariat) Erfahrungen gemacht haben. Später können Sie immer noch zu einem anderen Schulbuch wechseln. Sollten die an der Schule vorhandenen Schulbücher Ihnen alle unbekannt sein und Sie müssten sich für eines entscheiden, dann fragen Sie andere junge Kollegen (falls vorhanden), welche Erfahrungen die mit den verschiedenen Büchern gemacht haben.

Wenn Sie allerdings länger im Geschäft sind, werden Sie merken, dass Sie bestimmte Vorlieben für dieses oder jenes Buch entwickeln. Wenn dann eine Fachkonferenz beschließt, mit einem anderen Buch arbeiten zu wollen, als Sie es gewohnt sind, dann müssen Sie sich umstellen.

Arbeiten Sie mit einem neuen Buch, das Sie noch nicht kennen, müssen Sie sich vor Schuljahresbeginn mit der aufwändigen Aufgabe beschäftigen, dieses Buch, Ihre eigene Reihenplanung, die Vorgaben aus dem Fachbereich (schulinternes Curriculum) und die Richtlinien und Lehrpläne unter einen Hut zu bringen. Das klingt nach viel Arbeit, ist es aber in der Regel gar nicht. Meist bietet ein Schulbuch einer bestimmten Klassenstufe vielmehr Stoff und Anregungen für den Unterricht, als Sie in einem Schuljahr schaffen. Suchen Sie sich die Themen heraus, deren Behandlung in dieser Klassenstufe notwendig ist, und versuchen Sie erst gar nicht, ein Schulbuch von vorne bis hinten durchzuarbeiten. Sie sollten sich aber auf jeden Fall mit Kollegen, die in der gleichen Jahrgangsstufe unterrichten, wegen Parallelarbeiten usw. absprechen.

Genug zu den Schulbüchern, es gibt ja auch noch weitere **Unterrichtsmaterialien**. Im Kapitel 2.3 „Wo finde ich was?" habe ich bereits darauf hingewiesen, dass es an Ihrer Schule bestimmt noch weitere gute Unterrichtsmaterialien gibt. Manchmal wird seit Jahrzehnten in einer bestimmten Klassenstufe immer wieder nach den gleichen Vorlagen eine bestimmte Unterrichtsreihe durchgeführt. Sprechen Sie mit Ihrem Fachvorsitzenden darüber, ob es an Ihrer Schule

- eine Sammlung guter Unterrichtsmaterialien, die von Kollegen selber entwickelt wurden,
- Folien zu bestimmten Themen,
- Videos und DVDs,
- Schaubilder, Karten, Modelle,
- Präsentationen und Materialien, die von Schülern entwickelt wurden, gibt.

Auch **Klassenarbeiten**, **Leistungskontrollen** und **Tests** können in der Schule gesammelt werden. Wenn es das an Ihrer Schule noch nicht gibt, sollten Sie es, im Sinne einer guten Kooperation im Kollegium eventuell einführen: einen Aktenordner, der in einem Vorbereitungsraum oder im Lehrerzimmer immer griffbereit steht und in den jeder Kollege aus dem Fachbereich jeweils ein Exemplar einer zu schreibenden Klassenarbeit einheftet (am besten gleich mit Lösungsblatt bzw.

Erwartungshorizont!). So entsteht nach und nach eine umfangreiche Sammlung, aus der man sich Anregungen für die eigene Gestaltung von Lernerfolgskontrollen holen und ggf. auch mal von der Arbeit eines Kollegen profitieren kann. Aber denken Sie daran: nach dem Kopieren wieder zurück in den Ordner!

Auch hier gilt: Kommen Sie nicht mit zu vielen guten Vorschlägen auf einmal. Dann werden Sie schnell als der „alleswissende Newcomer-Angeber von der Uni" abgestempelt.

Checkliste 27:
„Schulbücher"

In welcher Klassenstufe werden welche Schulbücher/ Lehrwerke eingesetzt? Fach: _____		✔
Klassenstufe	**Schulbuch/Lehrwerk**	

2.5 Tests, Klassenarbeiten, Referate, Parallelarbeiten, Betrugsversuche

In der Regel legen die Fachkonferenzen auf der Basis der schulrechtlichen Vorgaben fest, in welcher Klassenstufe welche und wie viele Arbeiten geschrieben werden und wie die Bewertung dieser Leistungskontrollen in die Gesamtnote am Ende des Halb- oder Schuljahres einfließt.

Wahrscheinlich wird es zu diesem Themenkomplex zahlreiche Listen in Ihrem Kollegium geben. Manche offene Fragen werden auch nicht beantwortet, sondern liegen in der pädagogischen Eigenverantwortung des einzelnen Lehrers. Sie haben nun die einmalige Chance, eine Liste aufzustellen, die anschließend allen Kollegen zur Verfügung gestellt werden kann (siehe Checkliste 28). Die Kollegen werden es Ihnen danken!

In diese Liste gehören folgende Angaben:
- Anzahl der Klassenarbeiten je Halb- bzw. Schuljahr
- Art der Klassenarbeit (z.B. Diktat/Aufsatz)
- Zeitlicher Umfang jeder Klassenarbeit
- Wortanzahl (z.B. bei Diktaten)
- Anzahl anderer Leistungskontrollen (z.B. Tests) sowie deren Anteil an der Gesamtnote
- Ggf. thematische Aufteilung der Leistungskontrollen
- Punkteverteilung zur Bewertung der Leistungskontrollen

3.2.8 Hinweise auf den Leistungsstand

Liebe Eltern,

nach Rücksprache mit den in der Klasse unterrichtenden Kolleginnen/Kollegen möchte ich Sie heute über den Leistungsstand Ihres Kindes informieren.

Gerne bin ich zu einem persönlichen Gespräch bereit.

Fach	Mündlich	Schriftlich

Bitte lassen Sie mir den unteren Abschnitt ausgefüllt zukommen.

Mit freundlichen Grüßen

- -

O   Ich habe die Mitteilung über den Leistungsstand meines Kindes zur Kenntnis genommen.

O   Ich bitte um einen Anruf/um ein Gespräch (ggf. streichen).

Name des Kindes: _____ Unterschrift, Datum: _____

Quelle: Holger Mittelstädt:
Organisationshilfen für den Schulalltag

Checkliste 28:
„Klassenarbeiten (KA)"

Tragen Sie die fehlenden Informationen zusammen!

Fach: _____

Klasse	Anzahl KA	Art KA	Dauer	Wort-zahl	Andere Tests o. Ä.	Referate	Sonstiges	✓

Es bietet sich an, auf Fachbereichsebene vor allem bei sprachlichen Fächern festzulegen, bei welcher Punktanzahl bzw. erreichter Prozentzahl sich welche Zensur ergibt (vgl. als Beispiel Abb. 4).

Abbildung 4: „Punktvergabe"

Zensur	1	2	3	4	5	6
Prozent	100–93	92–77	76–61	60–45	44–20	19–0
Mögl. Gesamt- punkte						
10	10	9	8–7	6–5	4–3	2–0
11	11	10–9	8–7	6–5	4–3	2–0
12	12	11–10	9–8	7–6	5–3	2–0
13	13	12–11	10–9	8–6	5–3	2–0
14	14	13–12	11–10	9–7	6–4	3–0
15	15	14–13	12–10	9–7	6–4	3–0
16	16–15	14–13	12–10	9–7	6–4	3–0
17	17–16	15–14	13–11	10–8	7–4	3–0
18	18–17	16–14	13–11	10–8	7–4	3–0
19	19–18	17–15	14–12	11–9	8–5	4–0
20	20–19	18–16	15–13	12–9	8–5	4–0
21	21–20	19–17	16–13	12–9	8–5	4–0
22	22–21	20–18	17–14	13–10	9–5	4–0
23	23–22	21–18	17–14	13–10	9–6	5–0
24	24–23	22–19	18–15	14–11	10–6	5–0
25	25–24	23–20	19–16	15–11	10–6	5–0
26	26–24	23–20	19–16	15–11	10–6	5–0
27	27–25	24–21	20–17	16–12	11–6	5–0
28	28–26	25–22	21–17	16–12	11–6	5–0
29	29–27	26–23	22–18	17–13	12–7	6–0
30	30–28	27–23	22–18	17–13	12–7	6–0
31	31–29	28–24	23–19	18–14	13–7	6–0
32	32–30	29–25	24–20	19–15	14–8	7–0
33	33–31	30–26	25–21	20–15	14–8	7–0
34	34–32	31–27	26–21	20–15	14–8	7–0

Zensur	1	2	3	4	5	6
Mögl. Gesamt-punkte						
35	35–33	32–28	27–22	21–16	15–8	7–0
36	36–34	33–28	27–22	21–16	15–8	7–0
37	37–35	34–29	28–23	22–17	16–8	7–0
38	38–36	35–30	29–24	23–18	17–9	8–0
39	39–36	35–30	29–24	23–18	17–9	8–0
40	40–37	36–31	30–25	24–18	17–9	8–0
41	41–38	37–32	31–25	24–18	17–9	8–0
42	42–39	38–32	31–25	24–18	17–9	8–0
43	43–40	39–33	32–26	25–19	18–10	9–0
44	44–41	40–34	33–27	26–19	18–10	9–0
45	45–42	41–35	34–28	27–20	19–10	9–0
46	46–43	42–36	35–28	27–20	19–10	9–0
47	47–44	43–36	35–28	27–20	19–10	9–0
48	48–45	44–37	36–29	28–21	20–10	9–0
49	49–46	45–38	37–30	29–22	21–11	10–0
50	50–47	46–39	38–31	30–23	22–11	10–0
51	51–48	47–40	39–32	31–23	22–11	10–0
52	52–49	48–41	40–32	31–23	22–11	10–0
53	53–50	49–41	40–32	31–23	22–11	10–0
54	54–51	50–42	41–33	32–24	23–12	11–0
55	55–51	50–42	41–33	32–24	23–12	11–0
56	56–52	51–43	42–34	33–25	24–12	11–0
57	57–53	52–44	43–35	34–25	24–12	11–0
58	58–54	53–45	44–36	35–26	25–13	12–0
59	59–55	54–46	45–36	35–26	25–13	12–0
60	60–56	55–47	46–37	36–27	26–13	12–0
61	61–57	56–47	46–37	36–27	26–13	12–0
62	62–58	57–48	47–38	37–28	27–13	12–0
63	63–59	58–49	48–39	38–28	27–13	12–0
64	64–60	59–50	49–39	38–28	27–13	12–0
65	65–61	60–51	50–40	39–29	28–13	12–0

Wenn Schüler **Referate** oder **Vorträge** vorbereiten sollen, dann müssen Sie Ihren Schülern vorher deutlich machen, welche Ansprüche Sie an das Referat haben. Eventuell gibt es für die Vorbereitung und Durchführung von Referaten an Ihrer Schule Merkblätter und Beurteilungshilfen. Wenn nicht, können Sie sich an folgenden Punkten orientieren:

▸▸ Referate dienen in erster Linie dazu, dass Schüler Mitschülern Informationen zu einem bestimmten Thema vermitteln. Das müssen auch die Referenten wissen, denn sie müssen den Stoff so anschaulich gestalten, dass er bei den Schülern auch hängen bleibt.

▸▸ Referate zeigen dem Lehrer, ob die Schüler
- sich in ein Thema einarbeiten,
- sich Informationen beschaffen,
- in Gruppenarbeit gemeinsam arbeiten und Arbeitsprozesse organisieren,
- ein Thema auf für Mitschüler wichtige Aspekte reduzieren,
- ein Thema anschaulich darstellen,
- frei sprechen bzw. vortragen,
- ein Arbeitsblatt für Mitschüler erstellen können (Handout o. Ä.).

Teilen Sie den Schülern mit, worauf Sie beim Referatvortrag besonders achten (siehe Checkliste 29).

Parallelarbeiten sind Klassenarbeiten, die in mehreren Klassen gleichzeitig geschrieben werden, um schulintern einen Vergleich zu haben. Wenn Sie also wissen wollen, wo Ihre Klasse im Vergleich zu den Parallelklassen steht, dann sollten Sie gemeinsam mit den in den anderen Klassen unterrichtenden Kollegen eine Parallelarbeit konzipieren und schreiben lassen. Wenn Sie an einem „neutralen" Vergleich interessiert sind, wäre es gut, wenn jeder der Kollegen einen Satz Arbeiten einer Klasse korrigiert, die er nicht unterrichtet hat.

Vergleichsarbeiten hingegen werden in mehreren Schulen gleichzeitig geschrieben und auf höherer Ebene konzipiert. Sie dienen dazu, Schulen verschiedener Einzugsbereiche miteinander zu vergleichen. In vielen Bundesländern gibt es inzwischen in unterschiedlichen Klassenstufen Vergleichsarbeiten bzw. Arbeiten zur Bestimmung der Lernausgangslage (zum Beginn an einer neuen Schule, also z.B. in der 1. Klasse und nach dem Wechsel zur weiterführenden Schule).

Checkliste 29:
„Referatbeurteilung"

**Teilen Sie Ihren Schülern die Kriterien für eine
Referatbeurteilung vorher mit!**

Schülername: _____ ✓

Bereich	+ +	+	o	-	- -	Gewichtung in %
Gliederung						
Inhalt						
Sprache						
Verständlichkeit						
Anschaulichkeit						
Vortrag						
Beispiele						
Medieneinsatz						
Handout						
Kommentare						
Gesamtnote						

2.6 Regelungen für Hausaufgaben und Heftführung

Robert W. betritt den Klassenraum. Nervös beobachtet ihn Jan-Erik aus der vorletzten Reihe und lässt gerade noch einen Stapel Blätter, auf denen er eben geschrieben hat, und einen Hefter unter dem Tisch verschwinden. Robert W. riecht den Braten. Mit eiligen Schritten stürzt er auf den Schüler zu und fordert ihn auf, die Blätter und Hefter hervorzuholen. „Beim Abschreiben der Hausaufgaben ertappt", denkt sich Robert W. Jan-Erik schaut seinen Lehrer schuldbewusst an und holt die Blätter hervor. Robert W. nimmt das erste Blatt und überfliegt es. Er wird rot und gibt Jan-Erik die Blätter zurück. Wie hätte er auch darauf kommen sollen, dass Jan-Erik nur einen Liebesbrief an Ruth-Ida geschrieben hat. Gerade an Ruth-Ida, mit der sich Jan-Erik sonst immer nur streitet ...

Auch wenn es an Ihrer Schule vielleicht keine schriftlich festgehaltene **Regelung zu den Hausaufgaben** gibt, so sind wahrscheinlich trotzdem einige Gepflogenheiten üblich (siehe auch Checkliste 30 und 34):

▸▸ Gibt es Vorgaben über die tägliche Gesamtdauer von Hausaufgaben?

▸▸ Gibt es Regelungen für Hausaufgaben von Freitag/Samstag zu Montag?

▸▸ Dürfen über die Ferien Hausaufgaben aufgegeben werden?

▸▸ Gibt es zur Bewertung von Hausaufgaben Vorgaben? Es gibt in Deutschland Bundesländer, in denen Hausaufgaben nicht zensiert werden dürfen, aus dem einfachen Grund, weil nicht nachvollziehbar ist, wer diese mit welchen Hilfsmitteln angefertigt hat – aus meiner Sicht ist das verständlich.

▸▸ Werden Hausaufgaben eingesammelt, angeschaut oder abgezeichnet? Regeln Sie für sich selbst: Wenn Sie nur durch die Reihen gehen und die Vollständigkeit überprüfen, haken Sie mit rot ab. Wenn Sie hingegen eine Hausaufgabe lesen oder durchsehen, unterschreiben Sie mit Ihrem Kürzel.

▸▸ Werden die Hausaufgaben an die Tafel geschrieben oder vielleicht an ein „Hausaufgaben-Brett"?

▸▸ Müssen sich die Schüler die Hausaufgaben notieren und ggf. ein Hausaufgabenheft führen?

▸▸ Wie werden fehlende Hausarbeiten geahndet (z.B. Vermerk in einer Strichliste)? Können Schüler die Hausaufgaben nachzeigen? Müssen sie das selbstständig machen, oder hoffen die Schüler, von Ihnen beim nächsten Mal übersehen zu werden? Das ist auch eine Herausforderung an Sie, weil Sie über fehlende Hausaufgaben ganz genau Buch führen müssen!

▸▸ Wie verhalten Sie sich, wenn Schüler mehrfach die Hausaufgaben nicht gemacht haben, weil sie sie (angeblich) nicht verstanden haben?

▸▸ Gibt es Regularien dafür, wenn Schüler vermehrt Hausaufgaben vergessen bzw. Materialien wie Bücher und Hefter nicht zur Schule mitbringen (z.B. Eintrag ins Hausaufgabenheft oder Anruf zu Hause)?

▸▸ Was wird unternommen, wenn Schüler vor dem Unterricht Hausaufgaben von Mitschülern abschreiben?

▸▸ Gibt es eine organisierte Unterstützung bei den Hausaufgaben (z.B. Hausaufgabenhilfe)?

▸▸ Wo können Schüler Nachhilfe erhalten? Gibt es in der Nähe der Schule dazu Einrichtungen? Gibt es an der Schule vielleicht eine „Nachhilfe-Börse": Ältere Schüler helfen jüngeren Schülern nach dem Unterricht?

Ich halte das regelmäßige und gewissenhafte Führen eines Hausaufgabenheftes für unerlässlich – auch in höheren Klassenstufen! Dabei habe ich den Eindruck, dass man auch älteren Schülern noch beibringen muss, wie ein Hausaufgabenheft geführt wird. Oft scheitern Schüler in der Schule wegen fehlender häuslicher Arbeit. Hausaufgaben sind also auf keinen Fall zu vernachlässigen.

Achten Sie darauf, die Hausaufgaben so genau wie möglich zu stellen. Die häufigste Ausrede von Schülern lautet nämlich: „Ach, so haben Sie das gemeint!"

Die **Heftführung** wird auch von Schule zu Schule unterschiedlich geregelt bzw. hat sich unterschiedlich eingespielt, wenn sie nicht geregelt ist. Machen Sie sich dazu klar (siehe auch Checkliste 31):

▸▸ Bevorzugen Sie Hefte, Papphefter oder Plastikhefter? Der Vorteil der Papphefter ist, dass im Laufe des Schuljahres die Blätter von vorne nach hinten (und nicht umgekehrt) chronologisch sortiert sind. Ein Nachteil ist, dass Papphefter schnell sehr mitgenommen aussehen.

▸▸ Gibt es in der Schule Festlegungen für die Farben einzelner Fächer? Gerade in Grundschulen hat sich eingebürgert, rote Hefter für Deutsch, blaue Hefter für Mathematik und grüne Hefter für den Sachunterricht zu verwenden.

▸▸ Müssen die Hefter mit in die Schule gebracht werden, oder führen die Schüler die Hefter zu Hause? Arbeitsblätter werden in letzterem Fall in einer Pappmappe im Laufe der Woche gesammelt und am Freitag zu Hause abgeheftet.

▸▸ Sind die Schüler verpflichtet, ein Inhaltsverzeichnis im Hefter zu führen?

▸▸ Gibt es Formulare zur Hefterbewertung?

▸▸ Was wird bewertet?
  ▪ Vollständigkeit
  ▪ Sauberkeit (unterstrichene Überschriften, Datum, Zeichnungen, Schrift)
  ▪ Zusätzliche Materialien, Bilder usw.

▸▸ Müssen Sie Arbeitsblätter und Kopien lochen, oder machen das die Schüler? Meine Empfehlung: Lochen Sie!

▸▸ Zu welchem Anteil fließt eine Bewertung des Hefters in die Gesamtnote ein?

Quelle: Holger Mittelstädt:
Organisationshilfen für den Schulalltag

| 2.5.4 | Hefterführung 1 | HE_2_5_4 |

| Name | | |

Zeichenerklärung: + erreicht   o teilweise erreicht   – nicht erreicht

	Bewertung
Die äußere Form des Hefters ist gepflegt.	
Das Titelbild ist ansprechend gestaltet.	
Das Inhaltsverzeichnis ist übersichtlich und enthält alle Angaben.	
Die Seiten sind nummeriert und mit Datum versehen.	
Alle Arbeitsblätter und Mitschriften sind vorhanden.	
Die Arbeitsblätter sind richtig und vollständig ausgefüllt.	
Das Schriftbild ist ordentlich.	
Die Zeichnungen, Skizzen sind mit Bleistift erstellt und sind deutlich und sauber.	
Es wurde auf korrekte Rechtschreibung geachtet.	
Die Themen wurden mit zusätzlichen Informationen (z.B. eigene Texte, Zeitungsausschnitte, Fotos) ergänzt.	

Bemerkung und Tipps:

Bewertung:

Checkliste 30:
„Hausaufgaben und Hefterführung"

Klären Sie:	✓
Hausaufgaben:	
Dauer der Hausaufgaben/Klassenstufe	
Hausaufgaben über Wochenenden/Ferien?	
Bewertung und Überprüfung von Hausaufgaben?	
Hausaufgaben anschreiben? Hausaufgabenheft?	
Regeln bei fehlenden Hausaufgaben?	
Mehrfach vergessene Hausaufgaben?	
Abgeschriebene Hausaufgaben?	
Hausaufgabenhilfe?	
Nachhilfe?	
Hefterführung:	
Pappe oder Plastik?	
Farben?	
Zu Hause oder in der Schule?	
Inhaltsverzeichnis?	
Kriterien für die Bewertung?	
Blätter lochen!	
Anteil an der Gesamtnote?	

2.7 Andere Regularien

In den einzelnen Fachbereichen gibt es zahlreiche Vereinbarungen und Regeln, die über die hier besprochenen hinausgehen und entweder fach- oder schulspezifisch sind (zu notieren in Checkliste 31).

Entweder haben Sie das Glück, von solchen Regeln rechtzeitig zu erfahren, oder Sie haben das Pech, erst durch eine schlechte oder peinliche Begebenheit mit diesen Regeln konfrontiert zu werden.

Zum Beispiel gibt es Fächer, in denen bestimmte Hinweise zur Sicherheit gegeben werden müssen (Sport, Physik, Technik und andere Fächer). Diese Belehrungen werden dann auch in der Regel im Klassenbuch dokumentiert. Dass Sie die Schüler über Sicherheitshinweise informiert haben, sollten Sie in jedem Fall penibel und unmittelbar dokumentieren. Damit sichern Sie sich bei etwaigen Unfällen ab, sofern Sie nicht Ihre Aufsichtspflicht verletzt haben.

Andere Regelungen werden Sie im Gespräch mit Kollegen oder der Fachbereichsleitung schnell kennen lernen. Damit Sie den Überblick nicht verlieren, sollten Sie diese hier notieren.

Checkliste 31:
„Andere Regularien"

Diese Dinge sollte ich unbedingt noch beachten:	
Fach:_____	✓
Sicherheitshinweise:	

3 Zum ersten Mal Klassenlehrer

*"Zeige mir eine Klasse,
und ich zeige dir
ihren Klassenlehrer."*

Jens Strelow

3.1 Die Aufgaben eines Klassenlehrers

Sie sind als Klassenlehrer für Ihre Klasse verantwortlich. Und nicht nur das. Im Laufe der Zeit werden Sie sich mit Ihrer Klasse identifizieren und sich für Ihre Klasse einsetzen, wenn es zu Problemen kommt. Und wenn jemand etwas Schlechtes über Ihre Klasse sagt, vornehmlich im Lehrerzimmer, dann werden Sie für Ihre Klasse Partei ergreifen.

Das alles natürlich nur, wenn Sie mit Ihrer Klasse glücklich und zufrieden sind, wenn Sie ihre Schüler akzeptieren und ebenso Ihre Schüler Sie akzeptieren. Kurz gesagt, wenn Sie ein gutes Verhältnis zu Ihrer Klasse haben. Ganz klar, das bedeutet nicht unbedingt, dass es in einer Klasse keine Probleme gibt oder geben darf. Es geht gerade darum, in schwierigen und problematischen Situationen, vielleicht gerade dann, wenn Schüler unüberlegt gehandelt haben, vermittelnd tätig zu sein und Verständnis zu zeigen. Dabei sollen Schüler natürlich auch lernen, dass sie für ihr Handeln verantwortlich gemacht und zur Rechenschaft gezogen werden.

Es gibt keine Patentlösung dafür, wie Sie und Ihre Klasse zusammenwachsen können, und natürlich hängt das Verhältnis von Schülern zu ihrem Klassenlehrer von vielen Faktoren ab, auf die Sie alleine gar keinen Einfluss haben. Ganz sicher gehört zu den wichtigen Faktoren eines **guten Auskommens** miteinander aber das:

▸▸ Sie sollten so viel wie möglich über Ihre Schüler wissen. Das betrifft sowohl ihre Persönlichkeit und familiäre Situation als auch ihre schulische Vorgeschichte.

▸▸ Sie nehmen die Schüler mit ihren Anliegen und Problemen ernst, genauso, wie Sie ernst genommen werden möchten.

▸▸ Sie haben Gespür dafür, wann sich Schüler nur herausreden oder vor etwas drücken wollen und wann es ihnen mit einem Anliegen wirklich ernst ist.

▸▸ Sie machen keine leeren Versprechungen, sondern halten sich an das, was Sie Ihren Schülern ankündigen bzw. androhen.

▸▸ Sie geben klare Regeln vor bzw. entwickeln Verhaltensregeln in der Klasse gemeinsam mit den Schülern.

▸▸ Der Verstoß gegen Regeln hat klare Konsequenzen.

▸▸ Konsequenzen sind verhältnismäßig.

▸▸ Sie handeln nicht aus einer Laune heraus und spontan. Im Gegenteil, die Schüler können sich auf Ihr Verhalten verlassen und es erwarten.

▸▸ Sie versuchen, alle Schüler gerecht zu behandeln.

Es kann vorkommen, und das wäre wünschenswert, dass die Schüler Sie als **„Leitwolf"** akzeptieren. Besser, als wenn der Klassenclown zum Leitwolf wird. Deshalb kann es vielleicht am Anfang zu einem Kräftemessen mit einigen Schülern kommen. Zeigen Sie klar, worauf es Ihnen ankommt, und machen Sie keine leeren Drohungen. Wobei „Leitwolf" hier natürlich nicht bedeutet, dass einer etwas vormacht und alle es kritiklos nachahmen.

Woran merken Sie, wenn es zwischen Ihnen und Ihrer Klasse gefunkt hat? Wenn die Schüler Sie angenommen haben, werden sie versuchen, sich bei anderen Kollegen auszuleben oder – noch schlimmer – aufzulehnen. Die Kollegen werden sich dann bei Ihnen beklagen, und Ihnen bleibt nichts anderes übrig, als zu antworten: „Bei mir benehmen die sich. Ich habe mit denen keine Probleme ..." Diese Aussage kann dazu führen, dass bei Kollegen der Eindruck entsteht, Sie würden Probleme nicht ernst nehmen bzw. sich mit Ihrer Klasse gegen andere, vielleicht schwierige, Kollegen verbrüdern. Das ist nicht hilfreich, und deshalb sollten Sie genau beobachten, wie sich Schüler bei Ihnen und bei Ihren Kollegen verhalten und ob deren Bedenken und Beschwerden berechtigt sind.

Natürlich, das sei hier der Vollständigkeit halber erwähnt, gibt es auch immer wieder Klassen, die von allen Lehrern geliebt werden, in denen einfach jeder Kollege gerne unterrichtet, wo die Stimmung und die Chemie grundsätzlich stimmen.

 Zeugnisse, Unterschriften, Notenspiegel, Notenbücher, Klassenbuch

Sie sind als Klassenlehrer hauptverantwortlich dafür, den Kontakt mit den Eltern zu halten und diese über den Leistungsstand der Schüler regelmäßig in Kenntnis zu setzen. Das geschieht in erster Linie durch das halbjährliche oder jährliche Ausstellen der **Zeugnisse**. Das Zeugnis ist ein Dokument, genauer gesagt eine Urkunde, das von Ihnen als Klassenlehrer und vom Schulleiter unterschrieben wird. Sie sind dafür verantwortlich, dass es formal und inhaltlich richtig ausgestellt wird. In den Bundesländern gibt es einheitliche Regelungen (z.B. in einer AV [Ausführungsvorschrift] Zeugnisse) zum Ausstellen und zur rechtlichen Bedeutung von Zeugnissen.

Das Ausstellen des Zeugnisses kann auf verschiedenen Wegen geschehen:

▸▸ handschriftliche Eintragung der Zensuren und etwaiger Bemerkungen in ein von der Schule zur Verfügung gestelltes Formular,

▸▸ Bedrucken eines Formulars (viel Spaß beim Treffen der richtigen Zeilen) mit Hilfe des Computers oder einer Schreibmaschine,

▸▸ Verwenden eines Computer-Formulars und Ausdrucken (z.B. auf ein besonderes Papier mit Wasserzeichen o. Ä.), unter www.schulbericht. de finden Sie die gängigen Zeugnisformulare aller Bundesländer,

▸▸ Eintragung der Zensuren in einer zentralen Zensuren-Verwaltung an der Schule und zentrales Ausdrucken aller Zeugnisse (z.B. durch die Mitarbeiter im Schulbüro).

In der Regel wird ein Exemplar des Zeugnisses an den Schüler ausgegeben, ein weiteres Exemplar (bzw. eine Kopie) wird in den Schülerbogen des Schülers geheftet. Formulierungshilfen für verbale Beurteilungen gibt es z.B. bei der Medienwerkstatt Mühlacker (www.schulbericht.de).

Auf dem Zeugnis finden sich folgende Angaben:
- Name, Art und Ort der ausstellenden Schule,
- Name, Geburtsdatum und Geburtsort des Schülers,
- ggf. eine verbale Beurteilung,
- die Zensuren der einzelnen Fächer sowie ggf. Teilnoten (z.B. mündlich/schriftlich),

- Bemerkungen (z.B. Teilnahme an AGs, Schwimmabzeichen, Fahrrad-
  prüfung, Teilnahme an Wettbewerben, Sprachprüfungen und Ab-
  schlüsse wie Latinum, besonderes Engagement usw.),
- entschuldigte und unentschuldigte Fehltage und Fehlstunden,
- Verspätungen,
- Mitteilung der Versetzung (oder Nichtversetzung) in die nächste
  Klassenstufe,
- Datum der Ausstellung,
- Unterschrift von Klassenlehrer und Schulleiter,
- Kenntnisnahme der Erziehungsberechtigten.

Für das Zeugnis gilt: Es ist eine Urkunde und muss von den Erziehungsberechtigten zur Kenntnis genommen werden. Dieses wird mit der Unterschrift, die vom Klassenlehrer kontrolliert werden muss, bestätigt.
Das Zeugnis kann als **Verwaltungsakt** angesehen werden, da mit dem
Ausstellen eines Zeugnisses über die Versetzung des Schülers entschieden wird. Verwaltungsakte, auch wenn sie nicht gerechtfertigt erscheinen, können von Schülern akzeptiert und hingenommen (z.B. weil
keine Aussicht auf Veränderung besteht) oder aber verändert werden,
und das mit Zuhilfenahme aller zur Verfügung stehenden Mittel, im
schlimmsten Fall der Gerichte (hier Verwaltungsgerichte).

Das klingt alles sehr ernst, und das ist es auch. Sie sollten sich bei der
Ausstellung von Zeugnissen für Schüler große Mühe geben. Überprüfen Sie, ob alle Zensuren richtig eingetragen wurden, notfalls mit Ihrem
Partner – zu zweit geht das besser. Und zu Ihrer Beruhigung: Klagen
gegen Zeugnisse oder einzelne Zeugnisnoten sind sehr, sehr selten.
Viel öfter lassen sich Unstimmigkeiten in einem Gespräch mit den Eltern und dem Schüler im Voraus klären. Und wenn Sie einen Fehler gemacht haben, dann geben Sie das ruhig zu. So etwas passiert. Und
dann schreiben Sie das betreffende Zeugnis einfach noch einmal.

Nicht nur das Zeugnis muss unterschrieben werden, auch Klassenarbeiten, Tests und Mitteilungen an die Eltern gehören, je nach Regelung
an der Schule, dazu. Deswegen ist es für Sie wichtig, wie die gängige
Praxis an Ihrer Schule bzw. in den entsprechenden Fächern ist (siehe
Checkliste 32).

Checkliste 32:
„Unterschriften"

Klären Sie:	✓
Was muss an meiner Schule von Eltern unterschrieben werden?	
Zeugnisse	
Klassenarbeiten	
Tests, Lernerfolgskontrollen	
Elternbriefe	
Mitteilungen über den Leistungsstand	
Mitteilungen über die gefährdete Versetzung („Blaue Briefe")	

Am Anfang des Schuljahres bekommen die Schüler die Einladung für den ersten Elternabend mit nach Hause. Auf einem Abschnitt müssen die Eltern unterschreiben, dass sie die Einladung zur Kenntnis genommen haben. So habe ich am Anfang des Schuljahres von allen Eltern eine Unterschrift und eine Vergleichsmöglichkeit, wenn mir später mal etwas spanisch vorkommt.

Auch bei älteren Schülern, die die Grundschule bereits verlassen haben, fordere ich gelegentlich eine Unterschrift unter der Klassenarbeit. Eltern verlangen von Lehrern, dass diese Klassenarbeiten unterschreiben lassen. Oft genug erfahren Eltern nur so von den Leistungen ihrer Kinder.

Wie handhaben Sie es mit einem **Notenspiegel** unter der Klassenarbeit oder der Lernerfolgskontrolle? Verzichten Sie darauf aus Prinzip, weil schlechte Schüler vielleicht diskriminiert werden könnten oder weil es nicht zulässig ist?

Ich denke, es ist wichtig, Schülern und Eltern zu zeigen, wo sie im Vergleich zur Klasse stehen. Allerdings hat der Notenspiegel tatsächlich auch Nachteile, über die Sie sich im Klaren sein sollten:

1. Gute oder sehr gute Schüler könnten durch den Notenspiegel dazu verleitet werden, mit ihrer Zensur anzugeben. Das frustriert vor allem die leistungsschwächeren Schüler.

2. Leistungsschwächere Schüler müssen jedes Mal neu erleben, dass sie sich am unteren Ende der Leistungsskala in der Klasse befinden. Anfänglich wirkt das vielleicht noch motivierend für bessere Leistungen, nach und nach stellt sich jedoch Frustration ein, und der Schüler gibt sich auf. Die motivierende Wirkung ist für die Katz', wenn dem leistungsschwachen Schüler nicht gezeigt wird, wie er sich verbessern kann, also auch mit welchen Methoden und Materialien, sondern wenn ihm immer wieder nur vorgehalten wird, er müsse eben mehr üben, dann würde das schon mit der besseren Note klappen.

Ein Wort zu den **„Lob"-Stempeln** („Das hast du toll gemacht", „Du kannst das aber noch besser" usw.): Gelegentlich werden diese Stempel in den ersten Klassenstufen von Lehrern eingesetzt, wenn noch keine Zensuren gegeben werden dürfen. Schneller, als Sie denken, übersetzen sich die Kinder selber diese Stempel in Zensuren. So eingesetzt, erfüllen diese Stempel wohl kaum ihren Sinn und umgehen noch dazu den sinnvollen Ansatz, auf Zensuren in den ersten Klassenstufen zu verzichten.

Meist werden gegebene Zensuren an einer Stelle zentral in **Notenbüchern** oder **Zensurenlisten** gesammelt. Nehmen Sie das Übertragen der eigenen Zensuren in diese Notenbücher sehr ernst. Einem Kollegen passierte es vor einiger Zeit, dass nach dem Sportunterricht die Brieftasche mit dem sich darin befindlichen privaten Notenbüchlein gestohlen wurde – und das eine Woche vor den Zeugniskonferenzen. Keine Zensur stand in offiziellen Büchern. Pech für den Lehrer, Glück für die Schüler: Auf dem Zeugnis bekam jeder Schüler eine Zwei.

Das **Klassenbuch** ist so eine Sache. Wenn Sie bereits in verschiedenen Bundesländern gearbeitet haben, wissen Sie, wovon ich spreche. Sie als Klassenlehrer sind für das Klassenbuch verantwortlich. Vielleicht übernehmen Schüler das Klassenbuchamt. Trotzdem liegt die letzte Verantwortung bei Ihnen. Achten Sie auf Folgendes (Checkliste 33):

▸▸ Die **Formalien** müssen eingetragen werden und auch inhaltlich richtig sein (z.B. Stundenplan, Schülerliste, unterrichtende Lehrer, Ämter in der Klasse, Elternvertreter, Klassensprecher). Auch Daten und ggf. Fächer müssen regelmäßig eingetragen werden. Klären Sie zudem, was für die Unterrichtsstunden eingetragen wird: behandelter Stoff, Hausaufgaben, Sonstiges?

▸▸ **Fehlende Schüler** und **Unterrichtsstörungen** werden im Klassenbuch vermerkt.

▸▸ Tragen Sie anstehende **Termine** bereits dann ein, wenn Sie davon erfahren, und nicht erst, wenn der Termin (Klassenarbeiten usw.) selbst naht. So können die Fachlehrer in Ihrer Klasse besser planen.

▸▸ Falls Kollegen im **Eintragen ihrer Stunden** nachlässig sind, befestige ich einen gelben Klebezettel im Klassenbuch bei der nächsten anstehenden Stunde des Kollegen „Bitte 25.4. nachtragen. Danke!"

▸▸ Gelegentlich kann es hilfreich sein, wenn die Fachlehrer **fehlende Hausarbeiten** im Klassenbuch notieren. Dann haben Sie einen Überblick und können den Eltern gut und schnell eine Rückmeldung geben.

▸▸ Wurden die Schüler über das Verhalten in **Gefahrenfällen oder Notsituationen** informiert, sollten Sie dieses im Klassenbuch dokumentieren (z.B. Verhalten bei Feueralarm). Das dient Ihrer eigenen Sicherheit, wenn es passiert. Ebenso sollten Sie im Klassenbuch vermerken, dass Sie die Schüler über allgemeine Unterrichtsformalitäten, Bewertungskriterien usw. (vor allem bei Oberstufenkursen) informiert haben. Das ist im Falle von Noteneinsprüchen besonders wichtig!

▸▸ Das Klassenbuch muss regelmäßig von Ihnen und der Schulleitung **abgezeichnet** werden. An manchen Schulen ist es üblich, dass das Klassenbuch der Schulleitung freitags vorgelegt wird und ansonsten im Klassenraum verbleibt. An anderen Schulen kümmert sich der Schulleiter selber um die Unterschrift. Das Klassenbuch wird jeden Tag von Schülern morgens aus dem Sekretariat geholt und nach Unterrichtsschluss wieder dorthin zurückgebracht.

Klassenbücher verschwinden besonders häufig, wenn die Zeugnisse nahen! Ich führe parallel zum Klassenbuch in meiner Klasse immer eine eigene Liste mit Fehlzeiten. So behalte ich einen Überblick, wer wie oft fehlt.

Checkliste 33:
„Klassenbuch"

Einzutragen sind:	✓
Formalien (z.B. Schülerliste)	
Stundenplan	
Fehlende und verspätete Schüler	
Termine (Wandertage etc.)	
Unterrichtsinhalte, Hausaufgaben	
Ggf. fehlende Hausaufgaben	
Unterweisungen (auch Unterrichtsformalitäten, Bewertungskriterien), Sicherheitshinweise	
Fehlverhalten, besondere Vorkommnisse (z.B. Feueralarm)	
Beachten Sie:	✓
Immer auf Vollständigkeit achten!	
Anwesenheit überprüfen!	
Klassenbuch regelmäßig der Schulleitung zur Unterschrift vorlegen!	

⟍ Kooperation mit den Fachlehrern (Hausaufgaben-regelung, fachübergreifender und fächerverbindender Unterricht, Projekte)

Die Zeiten für tägliche **Hausaufgaben** sind geregelt und sollten nicht überschritten werden. Nun gibt es aber ein Problem: Manche Schüler arbeiten sehr schnell, andere hingegen eher langsam. Das führt dann zu einem Problem, das immer wieder gerne bei Elternversammlungen diskutiert wird. Einige Eltern beschweren sich, weil ihre Kinder nicht mehr hinterherkommen, andere wollen mehr Hausaufgaben, weil man „sonst mit dem Stoff in der Klasse nicht mehr klarkommt. Und über-haupt: Die Parallelklasse ist schon drei Kapitel weiter in Mathe, und in Englisch, davon ganz zu schweigen ..."

Bei den Angaben aus Verordnungen und gesetzlichen Regelungen han-delt es sich natürlich immer nur um Richtwerte. Sie werden nie den Satz lesen: „Die täglichen Hausarbeiten dürfen nur so lang sein, dass der lernschwächste Schüler sie in 60 Minuten bewältigen kann."

Um die tägliche Hausaufgabenzeit mit den anderen in der Klasse unter-richtenden Lehrern zu koordinieren, und das ist manchmal nötig, bietet sich an, in der Klasse einen Plan oder eine Tafel aufzuhängen, auf der die täglichen Hausarbeiten verzeichnet sind (siehe Abb. 5).

Abbildung 5: „Hausaufgabenplan"

Mo	HA	Di	HA	Mi
Englisch		Erde		
Mathe		Sowi		
Deutsch		Sport		
Musik		Sport		
Kunst		Mathe		
Bio		Deutsch		

Das Aufzeichnen können die jeweiligen Lehrer oder ein Schüler übernehmen. Sehen Sie sich Tage an, an denen Ihre Schüler besonders hausaufgabenintensive Fächer wie Deutsch, Mathematik oder Fremdsprachen haben. Versuchen Sie bereits im Vorfeld, also bevor sich die Eltern beschweren, für solche Tage die Hausaufgabensituation zu klären (siehe Checkliste 34).

Checkliste 34:
„Hausaufgaben"

Klären Sie:			✔
Klassenstufe	*Tägliche Hausaufgaben (in Minuten)*	*Problematische Wochentage*	

Es gibt Schulen, die haben **fachübergreifenden und fächerverbindenden Unterricht** in ihren schulinternen Curricula verankert. Sprechen Sie mit den Fachlehrern, die in Ihrer Klasse unterrichten, und überlegen Sie gemeinsam am Anfang des Schuljahres, ob es Unterrichtsinhalte gibt, die sich überschneiden und deswegen parallel oder gemeinsam behandelt werden können. Das könnten im Geschichts-, Musik- und Kunstunterricht z.B. die unterschiedlichen zeitgeschichtlichen Epochen sein. Anhand einer zeitlichen Koordination bestimmter Inhalte in verschiedenen Fächern müsste dann auch der Stoffverteilungsplan für das Schuljahr danach ausgerichtet sein.

Daraus können sich dann auch ganz schnell **Projekte und Exkursionen** entwickeln, die gemeinsam durchgeführt werden (Checkliste 35). Lassen Sie Ihren Gedanken freien Lauf, und arbeiten Sie projektorientierter als im Referendariat, wo es immer darauf ankam, eine Stunde perfekt zu präsentieren.

Checkliste 35:
„Fachübergreifender Unterricht, Projekte"

Planen Sie:				✔
Projektthema:				
Zeitraum:				
beteiligte Fächer / Lehrer:				
Ideen:				
Sonstiges:				
Material:				

Generell gilt für die **Kooperation** zwischen Klassenlehrern und Fachlehrern: Je enger diese stattfindet, umso besser für die Schüler. Gerade, wenn es darum geht, Schüler zu beurteilen und zu überlegen, ob und wie man Schüler fordern und fördern kann, ist es besonders wichtig, miteinander zu kooperieren. Jeder Kollege erlebt die Schüler in einem anderen Kontext.

So nimmt ein Sportlehrer einen Schüler vielleicht ganz anders wahr als ein Kunst- oder Mathematiklehrer. Deswegen: Wenn Sie einen Schüler beobachten und Ihnen an ihm etwas Besonderes auffällt, z.B. ein Leistungsabfall oder soziale Probleme in der Klasse, dann

halten Sie Rücksprache mit anderen in der Klasse unterrichtenden Kollegen, um zu klären, ob dieser Schüler nur bei Ihnen oder auch bei den anderen diese Auffälligkeiten zeigt. Das Gleiche gilt natürlich auch umgekehrt: Wenn Sie den Eindruck haben, ein Schüler wird nicht ausreichend gefordert, dann machen Sie das zum Thema. Eltern trauen sich gerade im zweiten Fall nicht, mit den Lehrern zu sprechen. Sie haben dann schnell den Eindruck, den Ruf zu bekommen, sich einzubilden, ihre Kinder seien etwas Besseres.

Und noch ein Tipp: Besuchen Sie Ihre Kollegen im Unterricht, und lassen Sie Hospitationen in Ihrem Unterricht zu. Werten Sie diese Besuche aus. Das zahlt sich aus!

**Elterninformationen
(Elternabende, Elternsprechtage, Elternbriefe)**

Elternabend

> *Nichts ist so erlabend,*
> *Wie ein Elternabend.*
> *Und gar nichts macht mich strahlender,*
> *Als die Aussicht im Kalender.*
> *Nichts ist so gewaltsam,*
> *Nett und unterhaltsam,*
> *Und wer das nicht kennt,*
> *Der hat sein Dasein echt verpennt.*
> *Es macht froh, zu fragen,*
> *Schön ist's, was zu sagen.*
> *Klassenzimmerluft erhitzen,*
> *Auf zu kleinen Stühlen sitzen,*
> *Interesse kundtun,*
> *Man setzt sich ins Halbrund nun*
> *Und einer schreibt ein Protokoll,*
> *So wie es sein soll – voll!*
>
> *Eine Tagesordnung habend,*
> *Kommt der Elternabend*
> *Zu Punkt eins ein wenig später,*
> *Die Wahl des Elternvertreter.*
> *Jetzt heißt es, sich ducken,*
> *Sich tot stell'n, nicht aufmucken!*
> *Bis es einen andern getroffen hat.*
> *Puh, das ging ja noch mal glatt!*
>
> *Anwesenheitsliste,*
> *Da'e und Vermißte.*
> *Die Hand unterm Tisch wandern lassen,*
> *In alte Pausenbrote fassen.*
> *Reden, schwafeln, stammeln,*
> *Für die Klassenkasse sammeln.*
> *Und alle fassen den Beschluß,*
> *Daß was geschehen muß.*

Dann wird es hochtrabend
Auf dem Elternabend:
Der Lehrkörper erklärt die Logik
Und den Sinn der Pädagogik.
Hier ein Kichern, dort ein Gähnen,
Da puhlt einer in den Zähnen,
Alles schläft und einer spricht,
Genau wie einst im Unterricht!

Das Beste kommt zum Ende:
Nämlich die Elternspende.
Dann der Höhepunkt „Verschiedenes,
Unnöt'ges, Unterbliebenes".
Und einer sagt ganz richtig:
„Wir Eltern sind sehr wichtig!"
Da spart keiner mit Applaus
Und dann ist der Elternabend aus.

Nichts ist so erlabend
Wie ein Elternabend.
Das Schönste am Kinderhaben
Ist, abends in die Schule traben.
Wenn ich mit Freizeit meine Zeit vergeude,
Zehr' ich noch lange von der Freude
Und von der Hoffnung, die mir keiner nimmt:
Der nächste Elternabend kommt bestimmt!

Reinhard Mey
Infos unter www.maikaefer-musik.de

Elternabende haben einen legendären Ruf und müssen eine der schlimmsten Sachen sein, die es gibt. Zumindest habe ich diesen Eindruck immer wieder, wenn ich mit Kollegen spreche. Dann denke ich mir: Na gut, für die Kollegen ist es vielleicht blöd, abends noch einmal in die Schule zu kommen, aber was tut man nicht alles um der Eltern willen. Und wenn ich dann mit Eltern spreche, fange ich an, mich zu wundern. Denn auch hier: Klagen über die anstehenden Elternabende. Haben Sie andere Erfahrungen? Ich habe den Eindruck, dass das Klagen manchmal zum Geschäft gehört. Und ist der Elternabend dann vorbei, gehen alle gemeinsam, am besten wirklich alle, also Lehrer und Eltern, in die Gaststätte und verbringen dort noch viel mehr Zeit als auf dem ohnehin schon zu langen Elternabend.

Wenn Sie mehr über die Spezies „Eltern" erfahren wollen, lesen Sie doch einfach im Kap. 1.2 nach.

Den ersten Elternabend (oder Elternversammlung oder Elternstammtisch) organisieren Sie als Klassenlehrer, vielleicht zusammen mit dem Stellvertreter. Und ist es Ihre erste Elternversammlung überhaupt, dann kann ich Sie beruhigen: Die erste Elternversammlung im Schuljahr ist immer die einfachste, weil hier der Ablauf bereits vorgegeben ist (vgl. auch Checkliste 36). Was sollte also alles auf dem **Programm** stehen?

▸▸ Wahl der **Elternvertreter**:
- Klären Sie, wie viele Vertreter gewählt werden müssen? In der Regel zwei.
- Sind beide Elternvertreter gleichberechtigt, oder gibt es einen ersten und zweiten Elternvertreter?
- Wie ist die Regelung für deren Vertreter? Werden einfach die Personen mit den dritt- und viertmeisten Stimmen ernannt?
- Welche Aufgaben haben die Elternvertreter (z.B. Leitung und Einberufung der Elternversammlung, Teilnahme an Sitzungen unterschiedlicher Gremien)
- Wahlmodus: Findet eine geheime Wahl mit Stimmzetteln statt oder eine offene durch Handzeichen?
- Wie viele Stimmen haben die Eltern? Je Schüler eine Stimme oder je Schüler zwei Stimmen (für zwei Vertreter)? Oder können je Schüler auch zwei Elternteile abstimmen? Wenn eine Person alleine sorgeberechtigt ist, hat sie dann im Höchstfall sogar vier Stimmen?
- Wie lange ist eine Wahlperiode? Ein Jahr oder zwei Jahre?
- Muss ein Wahlprotokoll geführt werden? Gibt es dafür ein Formular im Schulbüro?

▸▸ Übersicht zur **Klassensituation**: Wie viele Jungen und Mädchen sind in der Klasse? Gibt es Besonderheiten, die mitzuteilen wären? Ist die Klasse eher lebhaft oder ruhig?

▸▸ Überblick über **Fächer** und **Lehrer** in der Klasse

▸▸ Stellungnahme zum **Inhalt** der eigenen, in der Klasse zu unterrichtenden Fächer (Themen, Anzahl der Klassenarbeiten, Bewertungsmaßstäbe)

▸▸ Sonstige **Unternehmungen** der Klasse (Weihnachtsfeiern, Wandertage, Klassenfahrten, Schülergeburtstage)

▸▸ **Verschiedenes** (Mitteilungen der Schulleitung, Veranstaltungshinweise, Rückfragen von Eltern)

Wenn Sie diese Punkte innerhalb einer Stunde, na gut, es dürfen auch 90 Minuten sein, abgearbeitet haben, werden die Eltern Ihnen dankbar für eine zügig durchgeführte Elternversammlung sein.

Checkliste 36:
„Erste Elternversammlung"

Bedenken Sie:	✓
Rechtzeitige Einladung mit Tagesordnung (14 Tage vorher)	
Abschnitt „Zur Kenntnis genommen"	
Wahlen der Elternvertreter ▪ *Wie viele Elternvertreter?* ▪ *Elternvertreter gleichberechtigt?* ▪ *Vertreter?* ▪ *Aufgaben der Elternvertreter?* ▪ *Wahlmodus: geheime oder offene Wahl?* ▪ *Wie viele Stimmen je Schüler?* ▪ *Dauer der Wahlperiode?* ▪ *Wahlprotokoll?*	
Klassenübersicht	
Fächer und Fachlehrer	
Inhalte und Bewertungsmaßstäbe	
Vorhaben, Unternehmungen	
Verschiedenes	

Wolfgang Hund: Erste Hilfe Schulalltag: Der Elternabend.
Verlag an der Ruhr, 1999, ISBN 3-86072-460-6.

Elternsprechtage bieten den Eltern die Möglichkeit, neben den Klassenlehrern auch die Fachlehrer näher kennen zu lernen und von diesen Rückmeldungen über die Leistungen und das Verhalten ihrer Kinder zu bekommen. Dabei gibt es zwei übliche Vorgehensweisen:

▸▸ An jeder Tür zu einem Raum, in dem ein Lehrer sitzt, hängt ein Zettel mit Uhrzeiten. Eltern können sich eintragen und dann zu entsprechender Uhrzeit ein kurzes, etwa fünf bis zehn Minuten langes Gespräch mit dem Lehrer führen. Wenn dieser noch nicht in Zeitverzug ist ...

▸▸ Es werden vor dem Elternsprechtag feste Zeiten mit den Fachlehrern vereinbart (meist über den Klassenlehrer). Das hat den Vorteil, dass sich der Lehrer besser auf die Gespräche vorbereiten und genauere Auskünfte zu einzelnen Schülern geben kann.

Generell gilt: Bereiten Sie sich auf den Elternsprechtag sorgfältig vor. Gehen Sie Notenlisten durch, schreiben Sie sich Fehlzeiten auf, und notieren Sie sich besondere Stärken und Schwächen der Schüler. Zu Beginn des Gespräches mit den Eltern sollten Sie dann zunächst auf die Stärken der Kinder verweisen. Das gibt Eltern ein gutes Gefühl und sorgt nicht direkt für schlechte Stimmung. Bieten Sie auch erst den Eltern die Gelegenheit, das loszuwerden, was ihnen auf dem Herzen liegt. Und das Wichtigste überhaupt: Einigen Sie sich mit den Eltern bei Problemen auf bestimmte überprüfbare Ziele, an denen Sie zusammen mit dem Schüler und den Eltern arbeiten wollen.

Es gibt auch Schulen, die keine Elternsprechtage durchführen, dafür aber den Eltern am Schuljahresbeginn einen Zettel zukommen lassen, auf dem feste wöchentliche Sprechzeiten aller Lehrer verzeichnet sind.

Fehlzeiten, Entschuldigungen, Verspätungen, Krankheit, Unterrichtsbefreiungen

Für manche ist das ein leidiges Thema: Nach meiner Vermutung haben 80 Prozent der Schüler keine Schwierigkeiten wegen Fehlzeiten und Verspätungen. Um die restlichen 20 Prozent muss man sich aber umso intensiver kümmern.

Dabei gibt es viel zu bedenken. Zunächst stellen sich die Fragen nach den **Formalitäten**:

▶▶ Wenn Schüler morgens nicht zum Unterricht erscheinen, reicht ein Telefonat mit dem Sekretariat, um das Fehlen des Schülers anzuzeigen?

▶▶ An welchem Tag muss ein Brief mit der Bitte um Entschuldigung in der Schule sein? Am dritten Fehltag des Schülers? Am dritten Tag nach dem Wiederantritt des Unterrichts?

▶▶ Können Entschuldigungszettel von Eltern in die Schule gefaxt oder gemailt werden?

▶▶ Wann ist ein Attest notwendig? Bei Klassenarbeiten oder Klausuren?

▶▶ Wie sieht es mit volljährigen Schülern aus? Wann müssen diese eine Entschuldigung bzw. ein Attest vorlegen?

Wenn ein Schüler wiederholt keine Entschuldigungszettel vorlegt, kann das an drei Dingen liegen:

▶▶ Die Eltern sind nachlässig und haben es bisher versäumt, um Entschuldigung zu bitten.

▶▶ Der Schüler vergisst, den Entschuldigungsbrief von den Eltern einzufordern oder hat ihn verschlampt.

▶▶ Der Schüler hat den Unterricht geschwänzt und kann deshalb keinen Brief seiner Eltern vorlegen.

Ich fordere Schüler ein- oder zweimal auf, einen Zettel nachzuzeigen, dann gilt der Tag als unentschuldigt gefehlt. Kommt das unentschuldigte Fehlen häufiger vor, halte ich sofort Rücksprache mit den Eltern, um zu verhindern, dass der Schüler tatsächlich ohne das Wissen seiner Eltern den Unterricht schwänzt. Sollte dieses sich als wahr herausstellen, wird das weitere Vorgehen mit den Eltern verabredet (z.B. sofortiger Anruf beim Fehlen des Schülers).

Warum fehlen Schüler? Warum schwänzen Sie den Unterricht? Dieses Problem ist natürlich sehr komplex und nicht pauschal zu klären. Es gibt oft viele Gründe, die hier zusammenkommen (z.B. schlechte Leistungen, Mobbing in der Klasse, Schulunlust usw.). Ich empfehle Ihnen hierzu folgendes Buch:

Annette Weber: K.L.A.R.-Taschenbuch: Merkt doch keiner, wenn ich schwänze. Verlag an der Ruhr, 2005, ISBN 3-8346-0036-9.

Wenn ein Schüler nun wieder am Schulleben teilnimmt, welche Regeln gelten dann? In welchen Fristen müssen verpasste Unterrichtsinhalte nachgeholt werden, und kann er z.B. bereits am ersten Tag eine Klassenarbeit mitschreiben oder einen Test nachholen? Ich halte es so: Am ersten Tag nach einer Krankheit wird natürlich eine Klassenarbeit oder ein Test nicht (oder nur zur Übung) mitgeschrieben, sofern die betreffenden Unterrichtsinhalte in der Zeit der Krankheit behandelt wurden. Alles andere ist Verhandlungssache mit dem Schüler und liegt auch in der Einschätzung des einzelnen Kollegen. Wenn der Schüler zwischen zwei Noten steht, liegt die Entscheidung fürs Nachschreiben nahe.

Störender als das Fehlen von Schülern über mehrere Tage ist das **verspätete Erscheinen** von Schülern im Unterricht:

▶▶ Der Schüler verpasst einen wichtigen Teil des Unterrichts, nämlich den Einstieg,

▶▶ der Lehrer wird aus dem Konzept gebracht und unterbricht den Unterricht,

▶▶ die Schüler werden abgelenkt und verlieren den roten Faden.

Schön sind die Entschuldigungen, die Schüler für Verspätungen vorbringen. Die Klassiker sind Ihnen bestimmt schon begegnet:

■ Ich habe den Bus verpasst!
■ Der Wecker hat versagt!
■ Ich habe verschlafen!
■ Meine Mutter hat mich nicht geweckt!

Nach Aussage meiner Schüler sind diese **Ausreden** aber in den allermeisten Fällen tatsächlich nur Ausreden! Meine Vermutung wandelt sich in Wahrheit. Die wahren Gründe sind Trödeln, nach dem Weckerklingeln noch mal umdrehen und wieder einschlafen, keine Lust, loszugehen usw. Denken Sie daran, dass die Verspätungen der Schüler nicht immer deren Schuld sind. Oft genug liegt die Schuld auch bei den Eltern. Gerade jüngeren Schülern kann man noch nicht so großes Verantwortungsgefühl abverlangen, den alltäglichen Morgen alleine auf die Reihe zu bekommen.

Noch ein wichtiges Thema: Was machen Sie, wenn ein Schüler im Laufe des Vormittags erkrankt oder sich verletzt? In der Regel schicken Sie den Schüler ins Schulbüro, dort wird dann alles Weitere unternommen. Eventuell müssen Sie oder ein Mitschüler den Kranken ins Schulbüro begleiten. In Anlehnung an das biblische Gleichnis gilt: Lassen Sie 99 Schafe unbeaufsichtigt, um sich um das eine verletzte Schaf zu kümmern? Im Ernstfall ja! **Kranke Schüler** dürfen natürlich nicht einfach so nach Hause geschickt werden. Denn erstens wissen Sie nicht, ob sich zu Hause jemand um den Schüler kümmern kann, und zweitens ist der Schüler zu einer Zeit unbeaufsichtigt, in der Sie die Aufsichtspflicht haben. Das Schulbüro wird sich um alles Weitere kümmern und ggf. die Eltern bzw. im Notfall den Notarzt oder einen Rettungswagen informieren und anfordern.

Es wird gelegentlich passieren, dass sich Eltern mit der Bitte an Sie wenden, den Schüler für einen oder mehrere Tage außerhalb der Ferienzeiten vom Unterricht zu **befreien**. Auch hierfür gibt es an der Schule eindeutige Vorgaben. Gibt es diese nicht, müssen Sie, na ja, aus dem Bauch heraus entscheiden. Damit meine ich natürlich, dass Sie den Leistungsstand des Schülers berücksichtigen müssen.

▸▸ Müssen Unterrichtsbefreiungen, die direkt an Ferienzeiten grenzen, durch die Schulleitung genehmigt werden?

▸▸ Können Unterrichtsbefreiungen von bis zu drei Tagen (im Schuljahr oder zusammenhängend) durch den Klassenlehrer bewilligt werden?

▸▸ Müssen die Fachlehrer informiert werden, oder reicht eine Eintragung im Klassenbuch aus?

Betreiben Sie zum Thema „Fehlzeiten" unbedingt doppelte Buchführung, falls das Klassenbuch kurz vor Ende des Schuljahres verschwinden sollte (vgl. Abb. 6).

Abbildung 6: „Fehlzeiten"

Fehlzeiten Klasse										
Name	Tage (e)	Tage (ue)	Stunden (e)	Stunden (ue)	Verspätungen					

(e) = entschuldigt, (ue) = unentschuldigt

Außerschulische Veranstaltungen: Klassenfahrten, Wandertage, Partys u. Ä.

Veranstaltungen, die nicht in den Räumen der Schule stattfinden, sind für das schulische Zusammenleben, für die Klassengemeinschaft und damit natürlich letztendlich auch für den Lern- und Schulerfolg der Schüler mitverantwortlich. Denn: Wenn sich die Schüler einer Klasse in verschiedenen Situationen kennen lernen, wenn sie gemeinsame Erlebnisse verbinden und ein Gemeinschaftsgefühl entsteht, dann werden die Schüler auch im Unterricht füreinander einstehen und sich gegenseitig helfen. Nicht umsonst führen an vielen Schulen die neuen Klassen bereits in den ersten Wochen eine kurze Klassenfahrt oder eine Projektwoche durch.

Wenn Sie noch nie auf einer **Klassenfahrt** waren, sollten Sie dieses unbedingt wagen. Sind Sie ganz unsicher, ob Sie sich einer Klassenfahrt gewachsen fühlen, kann ich Sie beruhigen: Die Horrorgeschichten, die Sie gelegentlich im Lehrerzimmer hören, stammen entweder aus den 1960er-Jahren oder entpuppen sich bei näherem Nachfragen als völlig übertrieben. Vielleicht haben Sie die Gelegenheit, bei einem Kollegen erst einmal als Begleiter mitzufahren. Dabei können Sie viel lernen. Oft kommt es aber auch vor, dass Schulen, gerade kleinere Schulen und Grundschulen, es sich nicht leisten können, zwei Lehrkräfte für eine Klassenfahrt freizustellen. Meist ist es dann notwendig, einen Elternteil als zweiten Begleiter mitzunehmen.

Wagen Sie den Sprung ins kalte Wasser! Aber nehmen Sie sich für die erste Klassenfahrt nicht zu viel vor.

▸▸ Eine Kurzreise von zwei bis drei Tagen reicht oft schon aus. Auch wenn Schüler und Eltern über eine kurze Reisezeit enttäuscht sein werden: Es ist besser, kurz zu reisen, als gar nicht zu reisen. Die schönen Erinnerungen, die die Schüler später haben werden, lassen die Kürze der Reise vergessen.

▸▸ Und noch etwas, das Sie entlasten sollte: Haben Sie nicht den Anspruch, die Schüler an jedem Tag von morgens bis abends zu beschäftigen. Versuchen Sie die schwierige Gratwanderung: Bieten Sie den Schülern so viel Programm, dass sie nicht später behaupten, die Klassenfahrt wäre langweilig gewesen. Und bieten Sie den Schülern so wenig Programm, dass sie später nicht den Eindruck haben, nicht genügend Zeit (Freizeit) für sich gehabt zu haben.

Ältere Kollegen, die schon oft Klassenfahrten durchgeführt haben, werden Ihnen einige schöne Orte für einen Kurztrip empfehlen können. Seien Sie aber skeptisch bei der Äußerung: „Da war ich mal 1978, das kann ich gar nicht empfehlen. Das Essen war grausam, und dann erst die Unterkunft! Überall Spinnweben ..." Die Zeiten ändern sich.

Bei der **Planung der Klassenfahrt** müssen Sie einige wichtige Punkte bedenken:

▸▸ Beteiligen Sie die Eltern frühzeitig an der Planung der Klassenfahrt. Informieren Sie sie auf der ersten Elternversammlung über Ihr Vorhaben!

▸▸ Gute oder attraktive Quartiere sind oft lange im Voraus ausgebucht. Gerade in den „klassischen" Jahreszeiten für Klassenfahrten (Mai bis Juli) ist es schwer, kurzfristig noch eine Unterkunft zu finden. Buchen Sie frühzeitig, möglichst zehn bis zwölf Monate im Voraus.

▸▸ Beteiligen Sie die Schüler an der Planung der Klassenfahrt. So wächst die Vorfreude, und die Klassenfahrt wird nicht nur für Sie, sondern auch für die Schüler zum Erfolg.

▸▸ Holen Sie rechtzeitig eine Einverständniserklärung der Eltern zur Teilnahme der Schüler an der Klassenfahrt ein.

▸▸ Teilen Sie den Eltern die Bankverbindung für das Klassenfahrt-Konto so rechtzeitig mit, dass sie den Teilnehmerbeitrag ggf. in mehreren Raten bezahlen können. Trotzdem sollten Sie die Möglichkeit haben, etwaige Anzahlungen von diesem Konto leisten zu können. Klassenkonten werden von vielen Geldinstituten kostenlos angeboten und geführt.

▸▸ Besprechen Sie mit den Schülern im Voraus genaue Verhaltensregeln und Konsequenzen. Denken Sie dabei besonders an:
- ▪ Regeln beim Essen
- ▪ Selbstständiges Verlassen des Geländes in Kleingruppen (An- und Abmelden)
- ▪ Zigaretten, Alkohol, andere Drogen

- Ordnung und Sauberkeit im Zimmer und Haus
- Benutzung von elektronischen Geräten (Handys, MP3-Player, CD-Player etc.)
- Nachtruhe (für Sie sehr wichtig!)
- Damit zusammenhängend: Schüler in falschen Zimmern/Betten
- Grobe Verstöße, Vandalismus, Gewalt

▶▶ Die Eltern sollten im Voraus eine Einverständniserklärung abgeben, in der sie sich bereiterklären, im Falle eines schweren Verstoßes oder einer Krankheit, ihr Kind umgehend abzuholen.

▶▶ Lassen Sie sich von den Eltern über Krankheiten, Allergien, Medikamente, besondere Gewohnheiten, Schwimm- und Radfahrfähigkeit der Schüler schriftlich informieren. Lassen Sie sich auch von den Eltern genehmigen, dass Schüler sich in Kleingruppen unbeaufsichtigt in der Stadt aufhalten dürfen.

Holger Mittelstädt: Organisationshilfen für den Schulalltag. Checklisten, Tabellen und Briefvorlagen auf Papier und CD. Verlag an der Ruhr, 2004, ISBN 3-86072-915-2.

In der ersten Nacht werden weder Schüler noch Sie viel Schlaf bekommen. Das ist auch ganz klar. Die Schüler sind aufgeregt, schlafen in einer fremden Umgebung und erleben viel Neues. Deswegen sollten Sie die Schüler bereits am Tag der Ankunft körperlich richtig fordern, z.B. mit einer langen Wanderung oder einem kleinen Fußballturnier, wenn dazu die Zeit reicht.

Und wie kriegen Sie die Schüler ansonsten zur Ruhe? Verhandeln und vereinbaren Sie: Wenn am ersten Abend alle zum vereinbarten Zeitpunkt ruhig sind, dürfen sie ab dem nächsten Abend immer zehn Minuten länger wach bleiben. Die zehn Minuten können Sie den Schülern nicht wieder nehmen. So können sich die Schüler jeden Abend weitere zehn Minuten erarbeiten. Damit die Schüler diese Vereinbarung aber auch ernst nehmen, sollten sie am zweiten oder dritten Abend wegen eines Verstoßes (wenn es die Situation zulässt) einmal nicht die zehn zusätzlichen Minuten erhalten.

Jonas Lanig: Wandertage und Klassenfahrten ohne Stress.
50 Ideen und Projekte für sinnvolle Ausflüge und Exkursionen.
Verlag an der Ruhr, 2005, ISBN 3-8346-0023-7.

Die minimalistische Form der Klassenfahrt ist der **Wandertag**. Wandertage heißen Wandertage, weil man an diesen Tagen wandern kann – oder sollte? Gerade ältere Schüler wandern aber gar nicht gerne. Diesen Eindruck hat man zumindest, wenn man Schülern vorschlägt, am Wandertag zu wandern. Schüler wollen viel lieber ins Kino oder auf eine Bowlingbahn gehen. Und Sie? Sie wollen Ihren pädagogischen Anspruch verwirklichen. Deswegen kommt das Kino natürlich nicht in Frage. Es sei denn, es wird ein pädagogisch wertvoller Film gezeigt. Damit machen Sie den Schülern dann aber gar keine Freude. Die wollen nämlich zur Unterhaltung ins Kino. Den Mittelweg gibt es hier eher selten. Und außerdem: Sie wissen ja, gegen das Kino spricht vor allem, dass sich die Schüler ja eigentlich miteinander beschäftigen sollen. Und das tun sie nicht, wenn sie zwei Stunden im Kino (mehr oder weniger) brav nebeneinander sitzen und in eine Richtung starren.

Und wie ist es mit der Bowlingbahn? Die kommt schon eher in Frage. Die Schüler beschäftigen sich miteinander und üben eine sportliche Tätigkeit im Wettkampf aus. Trotzdem zögert der eine oder andere Lehrer beim Stichwort Bowlingbahn. Hat Bowling vielleicht einen zu großen Unterhaltungswert für einen Wandertag?

Nach meiner Erfahrung beschweren sich Schüler oft im Voraus über Dinge, die dann im Nachhinein gar nicht so schlimm waren. Ich gehe oft mit Schülern wandern. Und das bei jedem Wetter. Dabei suche ich mir Gegenden aus, die sich eben gerade nicht im klassischen „Sonntagsspazier-

gang-Repertoire" der Schüler befinden – falls es so etwas überhaupt noch gibt. Ich fahre mit den Schülern auch schon mal mit der Regionalbahn eine Weile über Land, um ein Ziel zu erreichen, das die Schüler noch nicht kennen.

Wenn ich die Schüler zwei- oder dreimal mit meinen Vorgaben für Wandertage „gequält" habe, dürfen sie selber die Planung eines Wandertages übernehmen. Die Schüler müssen dann selbstständig das Vorhaben in der Klasse abstimmen (Kino fällt dann meist schon weg, weil man sich nicht auf einen Film einigen kann). Anschließend klären sie den zeitlichen und finanziellen Rahmen und treffen alle nötigen Absprachen (z.B. mit dem Bowlingbahn-Betreiber). Ich setze den Schülern einen Termin, zu dem alles klar sein muss, und lass mir das Vorhaben präsentieren. Ist das Vorhaben zu diesem Termin nicht organisiert, gehen wir eben wandern – nach meiner Landkarte.

3.2 Worauf Sie achten sollten!

 Die erste Stunde in der neuen Klasse

So nervös ist Robert W. selten. Wie war das beim Examen? Er kann sich nicht mehr erinnern. An Schlaf war in der letzten Nacht kaum zu denken. Immer wieder ist er aufgewacht und hat sich von einer auf die andere Seite gedreht. Immer wieder sind ihm die Worte durch den Kopf gegangen, die er sich für seine erste Stunde in der ersten eigenen Klasse zurechtgelegt hat. Und nun steht er vor den Schülern, die sich untereinander wie auch den Neuen da vorne noch gar nicht kennen. Alle schauen ihn erwartungsvoll an, und Robert W. weiß nicht mehr, was er eigentlich sagen wollte. Er kramt hastig einen Spickzettel aus der Tasche, entfaltet ihn und blickt nervös auf die Stichwörter. So geht es wohl auch manchen Schülern, wenn sie das erste Mal ein Referat halten sollen. Ein Mädchen aus der vorletzten Reihe meldet sich schüchtern. Robert W. nickt dem Mädchen auffordernd zu. „Äh, Entschuldigung, wie heißen Sie eigentlich?" Richtig, los geht's mit der Vorstellung.

Die erste Stunde in einer neuen Klasse – vor allem als Klassenlehrer – ist immer wieder aufregend. Hier können Weichen für die weitere Zusammenarbeit gestellt werden. Daher sollte man die erste Stunde sorgfältig vorbereiten.

Ich mache Ihnen hier einige Vorschläge (vgl. Checkliste 37). Was Sie umsetzen, ist von vielem abhängig, u.a. natürlich vom Alter der Schüler und davon, ob die Schüler sich untereinander und auch die Schule bereits kennen oder ob sie neu an der Schule sind. Gehen wir mal vom Schlimmsten aus: Nicht nur Sie, auch die Schüler sind neu, und keiner kennt einander. Was sollten oder könnten Sie also tun?

▸▸ **Stellen Sie sich den Schülern vor.** Erzählen Sie vielleicht etwas Privates, aber nicht zu viel. Sagen Sie den Schülern, worauf es Ihnen in der Schule, im Unterricht und im gemeinsamen Verbringen des Vormittags ankommt. Wichtige Ideale könnten sein:
  - gegenseitiges Vertrauen,
  - Ehrlichkeit (also auch mal zugeben, wenn ein Fehler unterlaufen oder ein Missgeschick passiert ist),

- Fleiß und Lernbereitschaft,
- Engagement für die Schule und für die Mitschüler.

Machen Sie den Schülern Ihre Erwartungshaltung deutlich!

▶▶ Geben Sie den Schülern auch die Möglichkeit, sich untereinander besser kennen zu lernen. Das heißt nicht, dass Sie den Schülern dazu Gelegenheit geben sollen, fortwährend miteinander zu quatschen. Nein, Sie sollen ja auch etwas davon haben. Hier folgen alle möglichen Variationen von **Vorstellungsrunden** aus der Universität, aus dem Referendariat und von Fortbildungen:
  - Sie können Steckbriefe ausfüllen lassen und diese aushängen.
  - Die Schüler können sich gegenseitig erst interviewen und dann vorstellen.
  - Sie können „Gruppenbilder" inszenieren (z.B. alle Mädchen gehen nach rechts, alle Jungen nach links, oder alle aus dem einen Stadtteil treffen sich hier, alle aus jenem Stadtteil dort oder alle des Jahrgangs XY hier, alle anderen dort oder ...).
  - Machen Sie ein Ratespiel der Schülereigenschaften (Wessen Lieblingssportart ist Fechten? Wer isst auf dem Schulbrot gerne Käse mit Tomatenmark? usw.).
  - Orientieren Sie sich an dem EU-Lebenslauf, und lassen Sie die Schüler von ihrem letzten bedeutenden Erlebnis oder ihrer letzten beeindruckenden Lernerfahrung berichten.
  - Jeder Schüler malt den Umriss seiner Hand auf ein Blatt Papier und schreibt in die fünf Finger die fünf Dinge, die er am liebsten macht. In die Handfläche kann ein Erlebnis aus dem letzten Urlaub gemalt werden.

▶▶ Kontrollieren Sie am ersten Schultag die **Anwesenheit** ganz genau. Sind alle Schüler vorhanden, die auf Ihrer Liste stehen? Haben Sie vielleicht zu viele Schüler, weil ein Schüler nach der Einschulung versehentlich bei Ihnen gelandet ist?

▶▶ Lassen Sie von den Schülern **Namensschilder** und einen **Sitzplan** anfertigen. Weisen Sie beim Sitzplan darauf hin, dass dieser nur vorläufig ist und Sie innerhalb der ersten Wochen noch Umsetzungen vornehmen werden. In Bezug auf die Namen wird es in letzter Zeit immer wichtiger, zu klären, wie Schülernamen ausgesprochen werden. Ich schreibe mir dann den Namen in Lautschrift auf meinen Sitzplan. Viele Schüler haben auch zwei, drei oder vier Vornamen.

Das würde einen Spaß geben, wenn Sie Samantha-Joy Janine Beatrice Kowalski-Münchberg immer bei ihrem vollen Namen nennen würden. Also: Unterstreichen Sie den Rufnamen.

▸▸ Machen Sie ein einfaches **Foto** Ihrer Klasse, z.B. mit einer Digitalkamera, und beschriften Sie es mit den Namen der Schüler. So lernen Sie diese schneller. Übrigens: Auch die anderen Fachlehrer in der Klasse freuen sich über eine Kopie des Fotos (siehe hierzu auch die Strategien zum Namen-Lernen in Kap. 1.2 „Die Schüler").

▸▸ Gestalten Sie mit den Schülern einen **Geburtstagskalender**.

▸▸ Teilen Sie den Schülern den **Stundenplan** einschließlich der Dauer der Pausen und den Unterrichtsbeginn der einzelnen Stunden mit.

▸▸ Eine Führung durch die neue Schule mit einer kleinen Vorstellung des Schulbüros und des Hausmeisters sollte in den ersten Tagen erfolgen. Vielleicht denken Sie sich ein kleines **„Schul-Spiel"** zum Kennenlernen der Schule aus (z.B. in Gruppen mit Fragen wie „Was befindet sich in Raum 132?", „Wie heißt der Hausmeister?", „Auf dem Schulhof steht eine große Büste. Wer ist dargestellt?"). Oder gibt es so ein Spiel schon bei Ihnen an der Schule?

▸▸ Einigen Sie sich mit den Schülern nicht erst dann auf **Klassenregeln**, wenn Sie davon Gebrauch machen müssen. Die Schüler sollten aber auf jeden Fall mit den Regeln der Schule bekannt gemacht werden. Besonders wichtig ist, zu klären, wann sich die Schüler wo aufhalten dürfen. Wenn die Schule ein **Leitbild** und ein **Schulprogramm** hat, sollten die Schüler schon am Anfang ihrer Schulzeit mit den wichtigsten Inhalten vertraut gemacht werden.

▸▸ Teilen Sie den Schülern mit, welche **Materialien** und **Bücher** für welches Fach benötigt werden. Am besten wäre es, wenn die in der Klasse unterrichtenden Kollegen gemeinsam eine Liste anlegen würden, die den Schülern ausgegeben werden kann. Vielleicht gibt es so eine Liste an Ihrer Schule. Gerade für den Schulbeginn der ersten Klasse ist diese Liste hilfreich und kann auch schon vor Beginn des neuen Schuljahres mit einem netten Brief an die Schüler bzw. Eltern verschickt werden.

▸▸ Informieren Sie die Schüler gleichzeitig über **besondere Vorhaben** im kommenden Schuljahr, z.B. Klassenfahrten, mögliche Klassenpartys, sonstige Veranstaltungen.

▸▸ Als Klassenlehrer sind Sie gleichzeitig auch immer **Fachlehrer** in Ihrer Klasse. Deshalb vergessen Sie nicht, Ihre Schüler in der ersten Fachstunde auch auf Besonderheiten Ihrer Fächer aufmerksam zu machen. Hierbei sollte man z.B. auf die Anzahl von Klassenarbeiten oder Tests verweisen, die eigenen Beurteilungskriterien deutlich machen usw. Je nach Klassenstufe empfiehlt es sich, diese Informationen den Schülern auch schriftlich zusammenzustellen.

Checkliste 37:
„Die erste Stunde"

Was haben Sie vor?	✓
Eigene Vorstellung, Erwartungen an die Schüler	
Schülervorstellung, Kennenlernspiele	
Kontrolle der Anwesenheit, Klärung der Namen	
Namensschilder, Sitzplan, Klassenfoto	
Geburtstagskalender	
Stundenplan	
Schulführung, Vorstellung von wichtigen Personen, Schul-Spiel	
Klassenregeln	
Schulordnung, Leitbild, Schulprogramm	
Materialliste, Bücher	
Besondere Vorhaben oder Veranstaltungen	
Fachlehrer-Infos	

⇗ Klare Regeln und Rituale (Erziehungs- und Ordnungsmaßnahmen)

Die Schüler werden Sie testen. Dabei werden Sie merken, ob Sie in Ihrem Auftreten sicher sind oder ob Sie Ihr eigenes Verhalten noch abwägen müssen. Nichts ist wichtiger, als **klare Entscheidungen** zu treffen und den Schülern dabei einen gangbaren Weg für ihr Verhalten zu zeigen.

Sagen Sie nie „Das muss ich mir noch überlegen …", viel besser ist „Ihr werdet schon sehr genau erkennen, wie meine Haltung dazu ist!" Natürlich dürfen Schüler merken, dass Lehrer auch nur Menschen sind. Sie brauchen aber eine Person, die ihnen mögliche Wege aufzeigt, ihnen Lösungsmöglichkeiten bietet und die ihnen in unsicheren Situationen eine Hilfe ist. Und das sind Sie als Lehrer nicht, wenn Sie selber unsicher sind. Ich weiß, dass das sehr leicht gesagt, aber sehr schwer getan ist. Ich bin selber, obwohl seit vielen Jahren Lehrer, immer noch aufgeregt, wenn ich das erste Mal vor eine neue Klasse trete.

Noch größer wird die Aufregung, wenn ich eine neue Klasse als Klassenlehrer bekomme. Da überlege ich mir schon Tage und Wochen vorher, was ich diesen jungen Menschen als Erstes und Wichtigstes sagen möchte. Trotz dieser Aufgeregtheit und Nervosität zeige ich **keine Unsicherheit** in meinen Entscheidungen. Denn darum geht es. Sie dürfen unsicher sein, aber wenn Sie eine Entscheidung treffen, dann revidieren Sie diese nur, weil Sie selber gemerkt haben, dass Sie einen Fehler gemacht haben. Es wird oft vorkommen, dass Schüler auf Sie zukommen, und versuchen, Sie davon zu überzeugen, eine Entscheidung zu revidieren. Dann sind Sie an der Reihe. Merken Sie, dass die Schüler mit ihrem Anliegen Recht haben, werden Sie wohl nachgeben müssen. Wollen die Schüler Sie nur aus vorgeschobenen Gründen von etwas überzeugen, dann bleiben Sie bei Ihrer Entscheidung. Die Schüler werden so den Eindruck bekommen, dass man mit Ihnen reden kann und Sie sich gelegentlich auch nach den Schülern richten, man Sie aber nicht nach Belieben umstimmen kann.

Legen Sie für das Verhalten Ihrer Schüler **klare Regeln mit Folgen** fest, und befolgen Sie diese konsequent (siehe Abb. 7). Diese Regeln betreffen möglicherweise:

▸▸ das Verhalten im Unterricht (Klassenregeln im Klassenraum aufhängen; diese Klassenregeln sollten Sie mit den Schülern gemeinsam ausarbeiten),

▸▸ das Fehlen von Hausaufgaben (z.B. nach dreimaligem Fehlen eine Mitteilung an die Eltern),

▸▸ das Nachreichen von fehlenden Hausaufgaben (z.B. am Anfang der nächsten Stunde unaufgefordert),

▸▸ das Fehlen von Material, wie Büchern, Heften usw.,

▸▸ sonstiges Verhalten im Unterricht (z.B. Kaugummi kauen, mit dem Handy spielen, Musik hören),

▸▸ das Umherlaufen im Klassenraum (z.B. bei Freiarbeit oder bei Wochenplanarbeit),

▸▸ Betrugsversuche bei Klassenarbeiten und Tests.

Abbildung 7: „Klassenregeln"

> ## Klassenregeln der Klasse 8c
>
> Wir akzeptieren und respektieren einander in der Klasse.
>
> Wir beteiligen uns am Unterricht und hören einander zu.
>
> Wir rufen nicht in die Klasse, sondern melden uns.
>
> Wir halten unseren Klassenraum sauber.
>
> Wir sind für unsere Schulsachen selber verantwortlich.

Rituale sind für Schüler wichtige Elemente des Unterrichtsalltags. Sie geben ihnen Sicherheit und Verlässlichkeit. In jüngeren Klassen ist es vielleicht das gemeinsame Begrüßungslied jeden Morgen, in älteren Klassen die mündliche Überprüfung eines Schülers an der Tafel zu Beginn jeder Stunde (die ich als Schüler immer gehasst habe und die in meinem Unterricht auch nicht vorkommt).

Besonders das gegenseitige Begrüßen als Startritual am Beginn der Unterrichtsstunde hat sich in unseren Schulen gehalten. Lehrer: „Guten Morgen!", alle Schüler: „Guten Morgen, Herr W.!" Es gibt Schulklassen, die stehen zur Begrüßung auf, andere nicht. Wenn Sie für Ihre eigene Klasse wollen, dass die Schüler aufstehen, dann bringen Sie es ihnen bei. Überlegen Sie, ob die Schüler generell hinter oder vor ihrem Stuhl stehen sollen. Und auch ganz wichtig ist: Sagen Sie Ihren in der Klasse unterrichtenden Kollegen über dieses Ritual Bescheid, falls das Aufstehen an Ihrer Schule nicht üblich sein sollte. Denn die Schüler werden lernen, immer am Beginn der Stunde aufzustehen, also nicht nur in Ihrem Unterricht. Ich habe schon Klassen erlebt, die haben die gemeinsame Begrüßung so gelangweilt heruntergeleiert, dass ich erst einmal das gemeinsame rhythmische Sprechen mit ihnen üben musste. Nach einer längeren Übungsphase klappte das Begrüßen dann hervorragend. In einer Klasse habe ich einmal, aus Spaß, an das geleierte „Guten Morgen" der Klasse ein geleiertes (etwas nachgeäfftes) „Schön, dass Sie da sind" herangehängt. Seit diesem Tag begrüßten die Schüler mich immer mit dem „Guten Morgen. Schön, dass Sie da sind!" Das kommt davon ...

Manche Rituale bürgern sich ganz von alleine ein. Wenn Sie an die nachmittäglichen oder nächtlichen Shows im Fernsehen denken, dann wissen Sie, was „Passen Sie gut auf sich auf!" und „Alles wird gut!" bedeutet. Die Verabschiedung ist auch ein Ritual. Lange Zeit merkte ich nicht, dass ich am Ende jeder Stunde die gleichen Worte gebrauche, um die Schüler zu verabschieden, bis mich eines Tages Schüler darauf aufmerksam machten („Ich wünsche euch noch einen schönen Tag."), indem sie mir meine Worte zuriefen, weil sie meinten, ich sollte den Unterricht nun beenden.

Andere Rituale können Sie an den letzten Schultagen vor den Ferien oder ersten Schultagen nach den Ferien, an Schülergeburtstagen oder an anderen Feiertagen einführen. Besonders in den unteren Klassenstufen ist das Begehen der Geburtstage der Schüler wichtig. Vielleicht erhalten die Schüler von Ihnen sogar eine Kleinigkeit? Wie wäre es mit einem Überraschungs-Ei?

In vielen Schulgesetzen der Bundesländer gibt es die Unterscheidung von **Erziehungs- und Ordnungsmaßnahmen**. Bei Vergehen sind die Erziehungsmaßnahmen den Ordnungsmaßnahmen immer vorgeordnet. Erziehungsmaßnahmen können sein:

- Klärendes Gespräch,
- Wiedergutmachung des angerichteten Schadens,
- Mitteilung an die Eltern,
- ...

Ordnungsmaßnahmen müssen in der Regel durch ein Gremium wie die Klassenkonferenz oder die Lehrerkonferenz beschlossen werden und haben weitreichende Bedeutung. Sie kommen nur zum Einsatz, wenn Erziehungsmaßnahmen keinen Erfolg gezeigt haben. Zu den Ordnungsmaßnahmen gehören:

- Versetzung in die Parallelklasse,
- Ausschluss von Schulveranstaltungen,
- Versetzung an eine andere Schule,
- ...

Damit Ihnen kein Schülergeburtstag entgeht, lassen Sie in einer der ersten Stunden in Ihrer neuen Klasse einen Geburtstagskalender anfertigen. Jeder Schüler gestaltet seine eigene Seite mit Name und Geburtsdatum, einem Bild oder typischen Hobbys und Vorlieben. Der Geburtstagskalender (mit Ringbindung oder Lochung versehen) wird in der Klasse aufgehängt und immer dann umgeblättert, wenn ein Geburtstag vorbei ist. So sieht man schon im Voraus, wer als Nächstes Geburtstag hat, und die Vorfreude beim Schüler wird gesteigert.

Die Klassengemeinschaft

Robert W. betritt den Klassenraum seiner Klasse. Die Klasse ist mucksmäuschenstill. Keiner rührt sich. Robert W. nimmt die Schüler unsicher ins Visier. Irgendetwas stimmt hier nicht. Er sieht sich um. Sein Blick fällt auf die Tafel. Da bricht die Klasse in schallendes Gelächter aus. Ein äußerst begabter Schüler der Klasse hatte in der kleinen Pause eine hervorragende Karikatur von Robert W. an die Tafel gekritzelt. Ganz kurz muss Robert W. über die gelungene Zeichnung schmunzeln, wird dann wieder ernst und dreht sich zu seiner Klasse um. „Wer hat das gemalt?", zischelt Robert W. durch die fast geschlossenen Zähne, als es wieder totenstill ist. Keiner rührt sich. Robert W. wartet und wartet. Nichts passiert.
Na gut, denkt er sich, dann eben nicht, die Klasse hält wenigstens zusammen, und beginnt den Unterricht.

Mit der **Klassengemeinschaft** ist das so eine Sache. Man kann etwas für sie tun, letztendlich ist sie aber von so vielen unterschiedlichen Faktoren abhängig, dass man selber manchmal verzweifeln möchte. Wenn man Eltern über die Klassen ihrer Kinder befragt, so wird die Klassengemeinschaft immer als ein wichtiger Aspekt des schulischen Zusammenlebens gesehen. Und das ist auch nicht von der Hand zu weisen. Schließlich gilt es als erwiesen, dass eine positive Lernatmosphäre zum Lernfortschritt der Schüler beiträgt. Und diese positive Lernatmosphäre wird natürlich von der Klassengemeinschaft beeinflusst. Wenn Eltern Ihnen von der schlechten Klassengemeinschaft in der Klasse berichten, empfehle ich Ihnen, diese Berichte nicht als maßgeblich anzusehen. Schließlich sehen Eltern oft nur die Situation ihres einzelnen Kindes in der Klasse und haben keinen Überblick über die Gesamtsituation. Durch eine kleine schriftliche Schülerbefragung mit Fragebögen, die etwa einmal im Jahr durchgeführt werden kann, erhalten Sie viel präzisere Ergebnisse und können auf die Entwicklung Einfluss nehmen bzw. diese beobachten (vgl. Abb. 8).

Was könnte die Klassengemeinschaft beeinflussen?

▸▸ Zusammensetzung der Klasse nach Jungen und Mädchen, aber auch nach Bildung, sozialer Einstellung und Nationalität,

▸▸ Größe der Klasse,

▸▸ In der Klasse unterrichtende Lehrer bzw. Lehrerwechsel.

Wie können Sie die Klassengemeinschaft beeinflussen?

▸▸ Verschaffen Sie den Schülern viele gemeinschaftsstiftende Erlebnisse (Wandertage, Kurzreisen, gemeinsame Freizeitaktivitäten usw.).

▸▸ Bieten Sie den Schülern Arbeitsformen, in denen sie miteinander statt gegeneinander arbeiten.

▸▸ Achten Sie darauf, dass die Schüler in Gruppenarbeiten nicht immer mit den gleichen Schülern zusammenarbeiten. Setzen Sie die Gruppen selber zusammen, oder bilden Sie Gruppen nach dem Prinzip Zufall (z.B. alle Schüler, die im 1. Quartal Geburtstag haben usw.).

▸▸ Achten Sie darauf, dass kein Schüler wegen etwaiger Defizite diskriminiert wird. Arrangieren Sie Unterstützersysteme (z.B. die Schnellen helfen den Langsamen).

▸▸ Jeder hat Stärken! Machen Sie das den Schülern bewusst. Zeigen Sie den Schülern auch, dass Sie jeden Schüler mit seinen Stärken brauchen. Tolerieren Sie keine Form von Unterdrückung oder Mobbing!

Es gibt zahlreiche **Interaktionsspiele**, die zum Entstehen eines Gemeinschaftsgefühls beitragen können. In diesen Spielen lernen die Schüler, einander zu vertrauen. Sie kennen das: Man lässt sich mit geschlossenen Augen fallen, weil man weiß, dass da jemand ist, der einen auffängt. Auch Rollenspiele, in denen viele verschiedene Fähigkeiten gebraucht werden, tragen zur Klassengemeinschaft bei.

Lassen Sie die Schüler in Einzelarbeit eine Liste anlegen, in der sie begründen, wegen welcher Qualitäten sie jeden einzelnen ihrer Mitschüler auf eine einsame Insel mitnehmen würden. Wenn die Schüler über einige Mitschüler nicht genug wissen, dürfen sie sich gegenseitig in Partnerinterviews ausfragen.

Abbildung 8: „Klassenbefragung zum Klassenklima"

Das Klima in meiner Klasse beurteile ich so:	1	2	3	4	5
Wir haben eine tolle Klassengemeinschaft.					
Keiner wird ausgegrenzt.					
Wir fühlen uns füreinander verantwortlich.					
Es gibt einige Cliquen, die sich bekämpfen.					
Wir sind lauter Einzelkämpfer.					
Bei uns herrscht eine starke Konkurrenz.					
Neue haben es bei uns schwer.					
Schwächere werden nicht ausgelacht, ihnen wird geholfen.					
Streber können wir nicht leiden.					
Wenn einer etwas ausgefressen hat, wird er nicht verpetzt.					
Wir fordern uns gegenseitig zu guten Leistungen heraus.					
Mit unserem Klassenlehrer kommen wir gut zurecht.					
Unsere Lehrer unterrichten gerne bei uns.					
Wenn wir von unseren Lehrern kritisiert werden, nehmen wir die Kritik ernst.					

1=trifft voll und ganz zu	4=trifft eher nicht zu
2=trifft zu	5=trifft nicht zu
3=mal so – mal so	

Die Sitzordnung

 In der Klasse 5c unterrichtet Robert W. eine Stunde in der Woche. Die Namen der Schüler lernt er nur nach und nach. Jeden Donnerstag, wenn er die Klasse betritt, ist er leicht verwirrt. Ist das die Klasse, in der ich auch am letzten Donnerstag war? Dann erkennt er die Gesichter einiger Chaoten, und ihm ist sofort klar: Doch, doch, hier bin ich richtig. Er grübelt und fragt sich, woran das mit den unbekannten Gesichtern nur liegt. Vielleicht sollte ich mir doch mal einen Sitzplan machen. Gesagt – Getan. Nur, eine Woche später sitzen alle wieder ganz anders da. Woran liegt das denn?

Sie als Klassenlehrer legen zusammen mit Ihrer Klasse die **Sitzordnung** fest. Kommt eine Klasse neu zusammen, sucht sich jeder einen Sitzplatz aus. Doch Sie werden merken, nach spätestens zwei oder drei Wochen müssen Sie einige Umsetzungen vornehmen, um die größten „Quatscher" voneinander zu trennen.

Meist, egal in welcher Altersstufe, ist es so, dass sich Jungen und Mädchen hübsch getrennt voneinander platzieren. Manchmal ist das gut, manchmal auch nicht – je nach Alter.

 *In frühpubertären Klassen, die sehr unruhig sind, kann es manchmal extrem hilfreich sein, konsequent nur Jungen neben Mädchen bzw. umgekehrt zu setzen. Sehr zu empfehlen sind die so genannten C-Tische von Klippert (siehe Abb. 9), an denen sechs Schüler sitzen können und die sich problemlos in Gruppentische verwandeln lassen.*

Wenn Sie sich einmal für eine Sitzordnung in Ihrer Klasse entschieden haben, versuchen Sie, diese so lange wie möglich beizubehalten. Ein ständiges Umsetzen schafft nur Unruhe. Wenn Kollegen mit bestimmten Schülern Schwierigkeiten haben, sollten sie diese nicht eigenmächtig nur für ihren Unterricht umsetzen, sondern mit Ihnen gemeinsam eine für alle verträgliche dauerhafte Lösung finden. Einen **Sitzplan** – sobald alle ihren festen Platz haben – sollten Sie auf dem Lehrertisch befestigen.

Abbildung 9: „Klippert C-Tische"

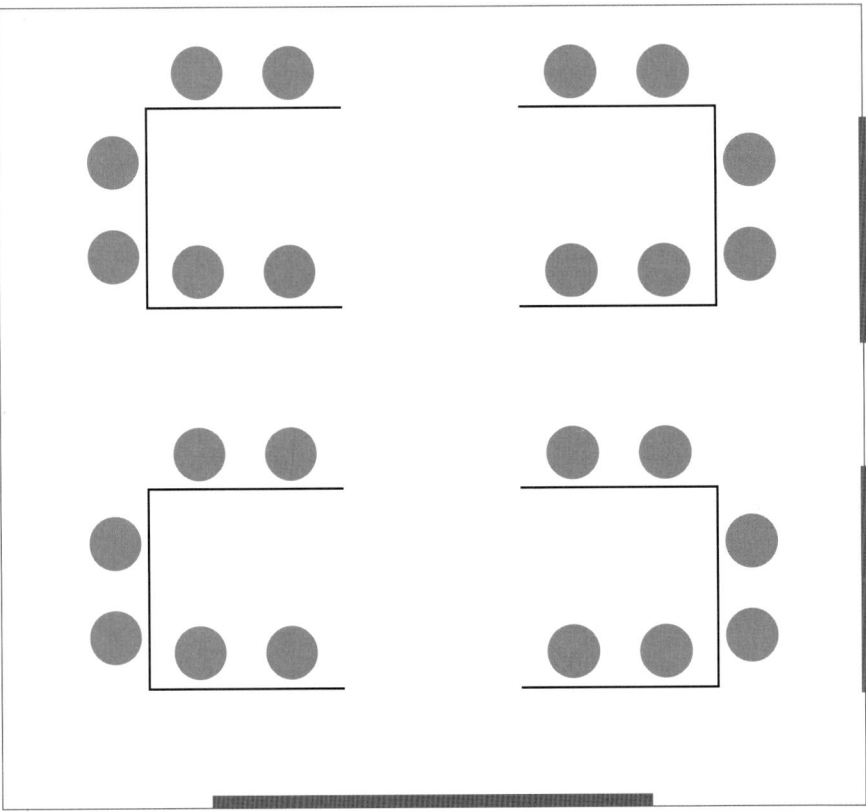

Tafel

Und was ist nun mit Robert W.? In der Klasse wird **rotiert**. An jedem Montag setzen sich die Schüler der letzten Reihe in die erste Reihe, alle anderen rutschen eine Bank weiter nach hinten. Das ist ein durchaus effektives Prinzip. Sollte man aber erst nach einigen Wochen beginnen, weil man sich sonst die Namen niemals merken kann.

⬢ Wer übernimmt was? Aufgaben in der Klasse

In der Klasse gibt es zahlreiche Aufgaben zu verteilen und von Schülern zu übernehmen (siehe Checkliste 38). Scheuen Sie sich nicht davor, Schüler mit verantwortungsvollen Aufgaben zu betrauen. Sie lernen dadurch, dass ihnen vertraut wird und dass sie für ihr eigenes Handeln verantwortlich sind.

Die verantwortungsvollste Aufgabe, die Schüler übernehmen können, ist das Amt des **Klassensprechers**. Obwohl diese Aufgabe wichtig und schwierig ist, finden sich zu den Wahlen oft viele freiwillige Schüler. Sprechen Sie mit den Schülern darüber, welche Aufgaben ein Klassensprecher zu übernehmen hat. Diese Aufgaben sind vor allem:

▶▶ Vertretung der Klasse nach außen (in Gremien wie der Schülerkonferenz, Schulkonferenz und in Fachkonferenzen),

▶▶ Vertretung der Klasseninteressen nach innen (also gegenüber dem Klassen- und den Fachlehrern), besonders, wenn es zu Problemen oder Auseinandersetzungen zwischen Schülern und Lehrern kommt.

Ich bin der Meinung, dass Klassensprecher keine Hilfspolizei spielen müssen, d. h. die Klasse nicht verantwortungsvoll beaufsichtigen, wenn der Lehrer dringend weg muss, und auch nicht Schüler, die etwas angestellt haben, vor dem Klassenlehrer anprangern. Ihre Rolle soll vermittelnden Charakter haben. Deswegen müssen sie mit Mitschülern und Lehrern vertrauensvoll umgehen können.

Neben der Funktion des Klassensprechers können Sie in der Klasse auch einen Klassenrat bilden. Was ein Klassenrat überhaupt ist und welche Aufgaben er übernimmt, erfahren Sie in folgendem Buch:

Eva und Hans-Joachim Blum: Der Klassenrat. Ziele, Vorteile, Organisation. Verlag an der Ruhr, 2006, ISBN 3-8346-0060-1.

Weitere Aufgaben in der Klassengemeinschaft können sein:

▶▶ Klassenbuchdienst (jeden Tag das Klassenbuch holen und wegbringen, auf vollständige Eintragungen der Fachlehrer achten),

▶▶ Schlüsseldienst (für den Klassenraum oder Klassenschränke),

▶▶ Tafel- und Kreide-Dienst (die Tafel soll immer sauber sein, Kreide ist immer vorhanden),

▶▶ Fegen und Sauberkeit (nach dem Unterricht wird der Klassenraum gefegt und aufgeräumt),

▸▸ Blumendienst (die Blumen müssen regelmäßig gegossen werden),

▸▸ Bücher- und Kartendienst (tragen helfen, wenn Bücher oder eine Wandkarte benötigt werden),

▸▸ Mediendienst (Tageslichtschreiber/Beamer holen und aufbauen, Notebook anschließen).

Alle so genannten Ordnungsdienste (Tafel, Fegen usw.) können für ein Halbjahr oder aber wöchentlich wechselnd von einem Zweierteam wahrgenommen werden. So kommt jeder einmal dran. Das ist gerecht.

Tragen Sie die jeweiligen Zuständigkeiten am besten ins Klassenbuch ein, vor allem den Tafeldienst. Das dient Ihnen, Ihren Kollegen und den Schülern als Hilfe und Gedächtnisstütze.

Alle in der Klassengemeinschaft wahrgenommenen Aufgaben müssen nach Beendigung eine besondere Würdigung erfahren. Dieses kann durch eine Nennung auf dem Zeugnis geschehen, auch eine anerkennende Aufmerksamkeit auf dem Klassenfest ist eventuell angebracht.

Checkliste 38:
„Klassendienste"

Klassendienst	Name 1	Name 2	✓
Klassensprecher			
Klassenbuch			
Schlüssel			
Tafel, Kreide			
Fegen, Ordnung			
Blumen			
Bücher/Karten			
Medien			

Die Klassenraumgestaltung

Die gesamte Ausgestaltung des Klassenraumes, nicht nur die Sauberkeit, ist für die Lernatmosphäre wichtig. Deswegen sollte der Raum schön und praktisch ausgestaltet sein. Zum einen können eigene Produkte aus den unterschiedlichen Fächern (vorzugsweise natürlich aus dem Kunstunterricht) die Wände schmücken, zum anderen sollten alle nötigen Materialien, Lexika, Nachschlagewerke, Wissen-Bücher usw. so gelagert sein, dass sie für alle Schüler gut zugänglich sind.

Um den eigenen Klassenraum nach den Vorstellungen der Schüler und Ihren eigenen Vorstellungen einzurichten, empfiehlt es sich, sich an einem Nachmittag mit Ihrer Klasse in der Schule zu treffen und den **Klassenraum selbstständig zu gestalten**. Das fördert zusätzlich die Klassengemeinschaft.

 *Zum variablen Befestigen von Bildern, Schautafeln usw. können Sie an den Wänden dünne Streifen aus Metall befestigen (die bekommen Sie im Baumarkt) und dann mit Magneten versehen (sehr günstig in Drogerien erhältlich). So können Sie Ihre Objekte einfach anbringen.*

Als wenig geeignet zur Dekoration des Klassenzimmers empfinde ich **Star-Schnitte** aus Jugendzeitschriften – es sei denn, Sie behandeln im Musikunterricht gerade die Entwicklungsgeschichte der Rock- und Popmusik. Zum einen polarisieren diese Stars die Schüler sehr schnell, und daraus resultierend ist die Haltbarkeit der Plakate überaus eingeschränkt, zum anderen sind diese Star-Schnitte in Bekleidung und Pose oft mehr als anzüglich. Will man das ständig sehen?

Wo können Schüler nun Materialien, Bücher und Hefte lagern, die nicht jeden Tag zu Hause gebraucht werden (vgl. Checkliste 39)? Hat Ihre Klasse einen Raum ganz für sich alleine oder, das kommt auch oft vor, halten sich in Stunden, in denen Ihre Klasse in Fachräumen ist, im Klassenraum andere Schüler auf? Schätzen Sie selber ein, wie sicher Schülermaterialien vor fremden Schülern sind. Danach entscheidet sich, wie Sie die Ordnung im Klassenraum gestalten: abschließbare Schränke oder Regale?

Regale erlauben einen leichteren Zugang zu den Schülermaterialien, **Schränke** hingegen kann man abschließen. Die Materialien der Schüler sind sicherer, und eine angenehmere Arbeitsatmosphäre entsteht durch mehr „sichtbare" Ordnung. Wahrscheinlich ist, dass es eine Kombination von Regalen (für alle zugängliche Materialien) und Schränken (für persönliche Dinge) geben wird.

Jede Schule hat für die Einrichtung mit Schulmöbeln nur einen beschränkten Etat. Daher sind Sie zusätzlich auf die Eltern angewiesen: Entweder gibt es Eltern, die schon immer mal ein Regal loswerden wollten, oder es gibt Eltern, die zum Wohl ihrer Kinder gerne bei einem schwedischen Möbelhaus ein preiswertes Regal erstehen.

Für Sie als Lehrer ist es manchmal etwas mühsam, die Schüler jeden Tag darauf hinzuweisen, welche Bücher in der Schule bleiben können. Außerdem muss man da sehr vorsichtig sein. Vielleicht haben die Schüler Hausaufgaben noch nicht erledigt oder müssen zum Verständnis der Hausaufgaben noch einmal etwas nachlesen. Unter den Top Ten der häufigsten Ausreden für fehlende Hausaufgaben ist auch diese: „Aber Sie haben gesagt, wir brauchen dazu das Buch nicht!"

Ein weiteres Problem könnte sein, dass in Ihrem Klassenraum nicht genügend Platz für Schränke und Regale ist. Vielleicht besteht die Möglichkeit, Bereiche oder Nischen im Flur vor dem Klassenraum zu nutzen? Aber denken Sie daran: Natürlich dürfen im Notfall keine Fluchtwege verstellt sein.

Wenn es im Klassenraum gar keine Möglichkeiten gibt, Schülermaterialien zu lagern, sollte eine Schule überlegen, ob nicht Schülerschränke (Schließfächer oder Spinde) angeschafft werden könnten. Es gibt zahlreiche Firmen, die Schülerschränke vermieten und mit den Eltern direkt Mietverträge abschließen. Die Schule hat dann nichts damit zu tun. Aber auch hier stellt sich die Frage: Wo sollen die Schränke aufgestellt werden? Oft sind Schulflure sicherheitstechnisch so geplant, dass ein Aufstellen von Schülerschränken nicht möglich ist.

Im Klassenraum können die Schüler ihre **Materialien** in verschiedenen Behältnissen sammeln:

▸▸ Ablage unter dem Schülertisch, besonders beliebt für angebissene Brote, alte Kaugummis und dicke Lesebücher,

▸▸ ausgedienter Schuhkarton, besonders beliebt für die Materialien des Kunst-Unterrichts,

▸▸ Kulturbeutel oder Waschtasche, ganz wie Sie wollen, hier können Schere, Klebstoff und Wasserfarben untergebracht werden (und dann alle Waschtaschen in eine große Kiste, die immer griffbereit ist),

▸▸ Ablagekörbchen, die allenfalls für Hefter und Arbeitshefte geeignet sind, Bücher haben hier keinesfalls Platz,

▸▸ Stehsammler, die zwar gelegentlich umfallen können, aber genug Raum für Bücher und Hefte bieten.

Wichtig ist: Sagen Sie den Schülern, dass im Klassenraum Ordnung herrschen muss. Nicht selten verbringen ganze Klassen ihre Nachmittage zusammen mit dem Hausmeister und der Putzfrau in der Schule, um ihre Klassenzimmer zu säubern.

Und wo können Sie selbst Materialien lagern, die Sie nicht jedes Mal mit ins Lehrerzimmer schleppen möchten (vgl. auch Kap. 4.4 „Ordnung im Lehrerzimmer")? Wohin mit dem großen Zirkel, dem Nachschlagewerk, dem ausgestopften Wildschwein und den kopierten, aber noch nicht ausgeteilten Arbeitsblättern? Wenn Sie Glück haben, sind Sie Besitzer eines verschließbaren Lehrerpults. Hier können Sie wenigstens die Entschuldigungszettel der Schüler, etwas Kreide und Taschentücher deponieren. Mit dem ausgestopften Wildschwein und anderen sperrigen Materialien wird es da schon schwieriger. Schüler sollten lernen, dass das Lehrerpult für sie tabu ist. Hier haben Schüler nichts wegzunehmen, es sei denn, sie bekommen dazu eine eindeutige Aufforderung vom Lehrer. Insofern könnten Sie einige kleinere Materialien auf oder unter dem Lehrerpult deponieren. In der Nähe des Lehrerpults ist vielleicht auch noch Platz für ein „Lehrerregal". Für dieses gilt dann das Gleiche wie für das Lehrerpult: Zugriff durch Schüler streng verboten! Und das Wildschwein müssen Sie wohl mit ins Lehrerzimmer nehmen …

Ich habe im Klassenraum ein solches Lehrerregal. Hier habe ich zusätzlich eine Hängeregistratur mit einem Hängeregister für jeden Schüler stehen. In dieses kommen an Tagen, an denen der Schüler fehlt, nicht beendete Arbeitsbögen oder Materialien. So habe ich alle gesammelten Materialien für einen Schüler beisammen, wenn dieser wiederkommt.

Checkliste 39:
„Ordnung im Klassenraum"

Klären Sie in Bezug auf den Klassenraum:	✓
Können die Schüler Wertsachen im Klassenraum lassen, oder benutzen auch andere Schüler den Raum?	
Regale und/oder Schränke?	
Abschließbare Schülerfächer?	
Schuhkartons?	
Waschtaschen?	
Ablagekörbe?	
Stehsammler?	

Konflikte in der Klasse

Es gibt unterschiedlich gelagerte Konflikte in einer Klasse. Dieses können Konflikte innerhalb der Klasse oder zwischen Schülern unterschiedlicher Klassen sein. Es kann sich aber auch um Konflikte mit dem Klassenlehrer, mit Fachlehrern oder mit „klassenfremden" Lehrern handeln. Genauso vielfältig müssen die Herangehensweisen im Konfliktfall sein.

Die Begründung für einen Konfliktfall kann im Verstoß gegen geltende oder unausgesprochene, aber trotzdem konsensfähige Vereinbarungen und Regeln liegen.

Das Verhalten der Schüler und Lehrer wird geregelt durch

▶▶ die Schulordnung,
  ▪ hier insbesondere das Verhalten im Unterricht,
  ▪ das Verhalten in Pausen,
  ▪ das Verhalten vor Unterrichtsbeginn und nach dessen Ende auf dem Schulgelände,
  ▪ das Verhalten auf dem Schulweg

▶▶ das Schulprogramm,

▶▶ Leitlinien oder Leitbild der Schule,

▶▶ das Schulgesetz des Bundeslandes,

▶▶ ggf. Vereinbarungen mit der Schülervertretung,

▶▶ sonstige rechtliche Vorgaben (z.B. Grundgesetz, Strafrecht usw.),

▶▶ unausgesprochene Regelungen, die Grundlage menschlichen Zusammenlebens darstellen.

Jeder Konfliktfall braucht eine individuelle **Lösung**. Diese Lösung kann in einem persönlichen Gespräch, in einem Gruppengespräch oder aber auch unter Hinzuziehung von außen stehenden Personen gefunden werden. Sie müssen selber entscheiden, welcher Weg der beste ist. Es ist immer sinnvoll, die Positionen der Beteiligten getrennt voneinander zu hören. So bekommen Sie zwar kein neutrales bzw. sachliches Bild des Konflikts, Sie haben aber wenigstens die Gewähr, dass sich die beiden Kontrahenten nicht dauernd gegenseitig ins Wort fallen, weil sie den Eindruck haben, der andere würde die Situation falsch darstellen.

Zu einem Konflikt gehören immer mindestens zwei Beteiligte. Sie wissen, dass das bedeutet, dass in der Regel nie einer alleine ganz schuldig ist und ein anderer völlig unschuldig. So geht es also darum, eine für beide akzeptable Lösung zu finden. Jede Partei muss den Eindruck haben, dass nicht nur sie die einzige bestrafte nach der Lösung des Konflikts ist. Eine gerechte Lösung in einem Konfliktfall mit zwei Beteiligten zu finden, ist immer ein sehr schwieriges Unterfangen.

An vielen Schulen gibt es inzwischen hilfreiche **Einrichtungen zur Konfliktlösung** zwischen Schülern. Informationen zu den so genannten Streitschlichter- oder Konfliktlotsen-Programmen finden Sie u.a. im Internet unter www.konfliktlotsen.de.

Versäumen Sie nicht, Ihre Schüler, vielleicht sogar schon in der ersten Stunde, darauf hinzuweisen, dass Sie bei Problemen und Konflikten in der Klasse als vertraulicher Ansprechpartner zur Verfügung stehen. Auch sollten Sie regelmäßig in der Klasse fragen, ob es irgendwo Probleme gibt oder jemand sich schlecht oder ungerecht behandelt fühlt. Schüler werden erst auf Sie zukommen, wenn sich zwischen Ihnen und Ihrer Klasse ein Vertrauensverhältnis aufgebaut hat. Beobachten Sie die Schüler sehr genau. Sie werden dann bald wahrnehmen können, wenn mit einem Schüler etwas nicht stimmt. Dass Ihre Klasse ein gutes Verhältnis zu Ihnen hat, werden Sie manchmal auch erst dann merken, wenn Eltern Ihnen auf dem Elternsprechtag davon berichten. Die Eltern werden Sie dann vielleicht bitten, „doch mal mit dem Schüler zu sprechen, auf Sie hört er doch! Von Ihnen erzählt er zu Hause so viel Gutes."

Kommt es in der Klasse immer wieder zu Streitigkeiten und ist die Klasse insgesamt sehr zerstritten, müssen Sie behutsam und Schritt für Schritt vorgehen. Lassen Sie die Schüler den Namen des Mitschülers auf ein Blatt schreiben, den sie am wenigsten mögen. Bitten Sie nun die Schüler, auf die Rückseite dieses Blattes zu schreiben, welche positiven Eigenschaften dieser Mitschüler hat. Die Schüler werden sich am Anfang vielleicht schwer tun oder behaupten, der hätte gar keine positiven Eigenschaften. Drängen Sie die Schüler, darüber nachzudenken, ob es da nicht doch etwas gibt.

Disziplinprobleme

Bei Konflikten kommt es vor allem zu Auseinandersetzungen zwischen Schülern. Eine besondere Gruppe der Konflikte sind die **Disziplinprobleme**. Auch hier verstoßen die Schüler gegen bestimmte Normen und geregelte Verhaltensweisen. Diese sind vornehmlich in der Schulordnung und im Schulgesetz festgelegt. Wie Konflikte, so können auch Disziplinprobleme viele Ursachen haben. Es ist nicht wissenschaftlich untersucht, aber ich vermute, dass Disziplinprobleme da auftreten können, wo dem Lehrer die Lehrerpersönlichkeit fehlt.

Verstöße gegen die Disziplin können im Unterricht nicht akzeptiert werden. Wenn sie gehäuft und fortwährend auftreten, stören sie den Unterrichtsfortgang und hindern die Schüler am kontinuierlichen und erfolgreichen Lernen. Die anderen Schüler fühlen sich gestört. Sie äußern das auch, wenn Störungen nicht nur sporadisch, sondern fortwährend in der immer gleichen Form oder durch die immer gleiche Person auftreten. Die „Themenzentrierte Interaktion" (TZI) hat ja den Grundsatz **„Störungen haben Vorrang"**. Dieser Grundsatz gilt im Grunde natürlich auch für den Unterricht. Nur muss man genau zwischen der Qualität einer Störung und eines Disziplinverstoßes unterscheiden. Störungen des Unterrichts nur um der Störung willen sind inakzeptabel. Stört der Schüler, weil er sich besonders eingehend mit dem Unterrichtsstoff beschäftigt und ihm daran etwas auffällt, was dringend geklärt werden muss, dann gilt natürlich der Grundsatz „Störungen haben Vorrang".

Disziplinprobleme belasten übrigens nicht nur die anderen unbeteiligten Schüler. Zurückhaltende Schüler haben sogar Angst, bei großem Geräuschpegel etwas zu verpassen. Und auch der Verursacher, der Störer, leidet oft unter seinem (eigentlich ist es nicht nur sein) Problem. Denn sooft ich mit Schülern alleine spreche, die sich im Unterricht auffällig verhalten haben, bekomme ich den Eindruck, dass sie gerne anders handeln würden, wenn sie könnten. Die Schüler zeigen sich einsichtig und geloben Besserung, von der Besserung ist dann aber oft schon in der übernächsten Stunde nichts mehr zu merken.

Disziplinprobleme belasten also alle: den Verursacher, die anderen Schüler und natürlich Sie als Lehrer. Sie können Ihr geplantes Unterrichtsvorhaben nicht umsetzen, verlieren eventuell den roten Faden und müssen sich immer wieder um Nebensächlichkeiten kümmern.

Daraus folgt der oben bereits genannte Hinweis, dass Disziplinschwierigkeiten oder Verstöße gegen die Disziplin nicht toleriert werden können.

Was können die Ursachen von Disziplinstörungen sein? Die folgende Liste ist nicht vollständig und könnte durch Ihre ersten Lehrerfahrungen bestimmt ergänzt werden (vgl. auch Checkliste 40). Einige der genannten Ursachen haben direkt miteinander zu tun:

▶▶ **Der Klassenclown:** Ein Schüler tut sich mit Witzchen und Scherzen andauernd hervor. Er stört dadurch permanent, weil er die Aufmerksamkeit der anderen auf sich zieht. Die anderen lachen über ihn, er fühlt sich in seiner Rolle bestätigt und macht weiter. Ein endloser Kreislauf ...

▶▶ **Ein Schüler braucht große Aufmerksamkeit:** Das kann in Verbindung mit dem Klassenclown-Syndrom sein, es kann sich aber auch anders bemerkbar machen. Der Schüler arbeitet zwar mit, kann sich aber an keinerlei Regeln im Unterricht halten. Das heißt, er kommentiert alles, was passiert, lautstark und gibt bei Fragen des Lehrers immer sofort eine Antwort, ohne auf die anderen Schüler Rücksicht zu nehmen.

▶▶ **Den Schülern fehlt der Respekt vor dem Lehrer:** Das kann an der fehlenden Lehrerpersönlichkeit, also der Ausstrahlung des Lehrers, liegen. Das kann aber auch daran liegen, dass sich der Lehrer mit angedrohten, aber nicht durchgeführten Strafen bzw. Konsequenzen unglaubwürdig gemacht hat.

▶▶ Den Schülern wurden **ethische Werte** wie Respekt und gegenseitige Achtung nicht ausreichend durch Elternhaus und Schule vermittelt: Diese eher perspektivische Entwicklung ist nur sehr schwer von einem einzelnen Lehrer zu stoppen oder zu beheben.

▶▶ Die Schüler sehen in dem behandelten Thema, Unterricht, dem Fach oder der Schule insgesamt **keinen Sinn**: Der Bezug zur Lebenswirklichkeit fehlt. Daraus resultiert Desinteresse, das dann zu Störungen führt.

▶▶ Die Schüler haben **nicht die Möglichkeit**, für sie belastende und/oder interessante Themen im Unterricht **zu diskutieren**: Sie kommen im Unterricht mit ihrer „Schülerpersönlichkeit" zu wenig vor und klinken sich deshalb aus dem Unterrichtsgeschehen aus.

▶▶ **Eintöniger Unterricht ohne Methodenwechsel und ohne klare Linie**
(siehe Kap. 4.6 „Organisation der Unterrichtsvorbereitung"): Auch
hier beißt sich die Katze in den Schwanz. Können Sie wegen der
schlechten Disziplin keine Methodenwechsel (z.B. Gruppenarbeit)
vornehmen, oder sind die Schüler so undiszipliniert, weil sie eine
Stunde auf ihrem Stuhl sitzen und still Ihrem Vortrag über „die zehn
wichtigsten Reichskammergerichtspräsidenten im 18. Jahrhundert"
lauschen müssen?

Ich habe die Erfahrung gemacht, dass es wichtig ist, auf absolute Ruhe
zu bestehen, wenn man mit dem Unterricht oder einem Thema beginnen möchte. Ich fordere die Aufmerksamkeit aller Schüler. Wenn nur
zwei Schüler miteinander leise flüstern, beginne ich nicht. Denn dieses
erste leise Flüstern wird bald mehr Schüler erfassen, und irgendwann
quatscht die ganze Klasse. Am Anfang ist es für einen Berufseinsteiger
nicht leicht, die Geduld aufzubringen und wirklich zu warten, bis man
die Aufmerksamkeit aller hat. **Versuchen Sie, sich anzugewöhnen, nie
zu reden, wenn nicht alle zuhören.** Schon wenn Sie das erste Mal eine
Klasse betreten, warten Sie mit Ihrem ersten Wort, mit Ihrer Begrüßung
so lange, bis alle still sind und Ihnen ihre volle Aufmerksamkeit schen-
ken. Kein „He du da, setzt dich mal hin, wir wollen anfangen!" Stellen
Sie sich einfach nur vor die Klasse, schauen Sie konzentriert oder ernst,
und warten Sie. Nur durch Blicke können Sie Schüler zu ihrem Platz
weisen oder einzelnen Schülern mit einer Geste klar machen, leise zu
sein. Sprechen Sie leise, aber nicht gelangweilt.
Sie wissen doch:

Schreit der Lehrer,
schreien die Schüler,
flüstert der Lehrer,
lauschen die Schüler!

Jens Strelow

Gerade bei jungen und neuen Lehrern versuchen Schüler oft, sich
auszutoben. Wenn Sie mit einer Klasse Disziplinprobleme haben, dann
zögern Sie nicht, diese in einem geeigneten Kreis zu **thematisieren**.

Handeln Sie, bevor sich die Situation in der Klasse zuspitzt und Sie nur noch mit Magenschmerzen in eine Klasse gehen. Tauschen Sie sich mit erfahrenen Kollegen aus. Bitten Sie auch Kollegen, einmal bei Ihnen zu hospitieren und Ihnen Anregungen und Hilfestellungen zu geben. Scheuen Sie sich auch nicht vor der Hospitation des Schulleiters. Er ist für Sie verantwortlich und sollte Ihnen auch in schwierigen Klassen Unterstützung anbieten können.

Hier folgen einige **Tipps**, die bei konsequentem Vorgehen Berufsanfängern eine Hilfe sein können.

Fertigen Sie für jeden Schüler eine Mitmach-Karte an (siehe Abb. 10). Am Anfang jeder Stunde hängen Sie mit Magneten drei Karten verdeckt an eine Tafel. Am Ende der Stunde kommen drei Schüler nach vorne und beurteilen ihr Verhalten in der Stunde. Sie können sich ausgehend von dieser Mitmach-Karte und Ihren eigenen Eindrücken eine Verhaltensnote vermerken.

Die Namen von störenden Schülern werden an die Tafel geschrieben. Bei erneutem Stören gibt's einen Strich hinter dem Namen. Erscheinen drei Striche, erfolgt ein Eintrag ins Klassenbuch oder eine Mitteilung an die Eltern (z.B. im Hausaufgabenheft).

Führen Sie eine Strichliste für jede Unterbrechung des Unterrichts. Haben Sie 45 Striche, bleibt die Klasse eine Stunde länger, um den versäumten Unterricht nachzuholen. Klären Sie diese Maßnahme allerdings mit den Eltern. Nach meiner Erfahrung haben Eltern aber Verständnis, wenn ihre Kinder mehr Unterricht bekommen.

Abbildung 10: „Mitmach-Karte"

Mitmach-Karte von _____	ja	teilweise	nein
Habe ich mich auf die Stunde gut vorbereitet?			
Hatte ich alle Materialien, Bücher und Hefte einsatzbereit und vollständig?			
Habe ich nicht dazwischen geredet und den Unterricht nicht gestört?			
Habe ich konzentriert und sachbezogen gearbeitet?			
Habe ich mich am Unterricht beteiligt und aktiv mitgearbeitet?			
Gesamtwertung			

Auswertung:

Überwiegend „ja" = Prima, weiter so!

Überwiegend „teilweise" = Du kannst dich noch verbessern!

Überwiegend „nein" = An deinem Verhalten und deiner Einstellung zu Schule und Unterricht muss sich dringend etwas ändern!

4

Kommt es zu Störungen während Ihres Vortrags, brauchen Sie ihn nicht unbedingt zu unterbrechen. Wechseln Sie einfach nur Ihren Standort hin zu dem Störenden, und er wird sehr schnell merken, dass sein Verhalten unangebracht ist. Auch ein kurzes Antippen des Schülers an der Schulter (je nach Alter) kann helfen. Aber überlegen Sie grundsätzlich, ob ein körperlicher Kontakt zum Schüler gut ist, egal, wie klein die Berührung ist.

5	*Bei jeder Ahndung eines Fehlverhaltens überlegen Sie bitte, ob Bestrafung eines oder mehrerer Schüler die richtige Lösung des Problems ist (betrifft vor allem Tipp 2 und Tipp 3)!*

Checkliste 40:
„Disziplinprobleme"

Klären Sie die Ursachen für Disziplinstörungen:	✓
Klassenclown	
Aufmerksamkeitsbedürfnis	
Kein Respekt	
Keine ethischen Werte	
Generell kein Interesse an Schule	
Kein Bezug zum Thema	
Eigene Themen kommen nicht vor	
Keine Methodenwechsel, kein roter Faden	
Das unternehme ich bei Disziplinstörungen:	

Die Unterrichtsevaluation

Sehen Sie sich die Merkmale guten Unterrichts (Kap. 4.6 „Organisation der Unterrichtsvorbereitung") an. Als Punkt 9 wird dort genannt: „Schüler-Feedback (regelmäßige Nutzung von Schülerrückmeldungen für die Planung und Durchführung des Unterrichts)". Wenn Sie etwas über die Qualität Ihres Unterrichts erfahren wollen, reicht es nicht aus, dass gelegentlich Kollegen oder die Schulleitung bei Ihnen hospitieren und Ihnen Tipps und Hilfen geben. Ebenso wichtig ist es, von den Schülern selbst eine Rückmeldung über den Unterricht zu erhalten (siehe Abb. 11). Am Ende eines Schuljahres machen sich Schüler manchmal den Spaß, den Lehrern auch ein Zeugnis auszustellen. Wenn Schüler das ernsthaft betreiben, können die Aussagen eines solchen Zeugnisses schon sehr aufschlussreich sein. Trotzdem ist es gut und hilfreich, sich auch systematische Rückmeldungen über den Unterricht geben zu lassen. Diese Rückmeldung erfordert von Ihnen etwas Mut. Schließlich müssen Sie dann mit der Kritik leben können und ggf. etwas an Ihrem Unterricht verändern. Deshalb, nutzen Sie das Schüler-Feedback nur in Klassen, von denen Sie brauchbare Ergebnisse erwarten können.

Für Schüler bedeutet die Rückmeldung, dass sie lernen, Verantwortung zu übernehmen. Über das Feedback haben Sie die Möglichkeit, mit den Schülern über Evaluation zu sprechen und auch mögliche Folgen aus Ergebnissen zu diskutieren. Für den Erfolg des Unterrichts sind nämlich weder der Lehrer noch die Schüler alleine verantwortlich!

Abbildung 11: „Schüler-Feedback"

	ja	teilweise	nein
Im Unterricht ...			
ist es oft eintönig.			
redet der Lehrer zu viel.			
können häufig Fragen gestellt werden.			
ist vieles interessant und abwechslungsreich.			
wird vom Lehrer zu viel Druck ausgeübt.			
wird das Thema zu schnell behandelt.			
wird das Thema auch wiederholt und geübt.			

	ja	teilweise	nein
Der Lehrer ...			
ist meistens gut auf den Unterricht vorbereitet.			
behandelt Schüler gerecht und mit Respekt.			
achtet auf die Disziplin in der Klasse.			
unterstützt Schüler bei Schwierigkeiten.			
ist meistens geduldig.			
ist oft gut gelaunt und motiviert.			
kann die Meinung anderer akzeptieren.			
ist unberechenbar.			
Die Schüler ...			
haben Respekt vor dem Lehrer.			
arbeiten konzentriert mit.			
beteiligen sich an der Unterrichtsplanung.			
Hausaufgaben ...			
sind zu umfangreich.			
sind schwer zu verstehen.			
haben etwas mit dem Gelernten zu tun.			
dienen nur der Beschäftigung.			
kann ich ohne fremde Hilfe bewältigen.			

Das finde ich gut am Lehrer:

Das finde ich nicht so gut am Lehrer:

Was ich sonst noch schreiben möchte:

Kapitel

4 Die eigene Organisation

> *Der Uhr eigenster Sinn*
> *ist Zeit ihres Lebens.*

Frank Fontanis / Jens Strelow

Gestatten Sie mir drei Vorbemerkungen zur eigenen Organisation:

1. Vielleicht haben Sie Ihr Leben gut im Griff. Sie planen vorausschauend und rechtzeitig alle Ihre Termine, Sie bereiten gewissenhaft und gründlich Ihren Unterricht vor, trotzdem können Sie abends stundenlang auf dem Balkon sitzen und Kriminalromane lesen. Ihr Schreibtisch ist immer perfekt aufgeräumt, Sie verwenden nämlich ein ausgeklügeltes Ordnungssystem. Sie vergessen nichts und überhaupt: Ihnen geht es glänzend. – Dann können Sie dieses Kapitel getrost überspringen.

2. Vielleicht träumen Sie davon, mal wieder Freizeit zu haben? Lesen Sie hier ruhig weiter.

3. In der Schule gibt es viel zu organisieren, ich meine, neben dem Unterrichten. Sie wollen aber, dass das Unterrichten und die Vorbereitung darauf wieder zur Hauptsache Ihres Berufes werden? Auch dann dürfen Sie getrost hier weiterlesen.

Eine Hilfe zur Organisation Ihres Berufs als Lehrer bietet Ihnen (hoffentlich neben diesem Buch) der folgende Titel:

Holger Mittelstädt: Organisationshilfen für den Schulalltag. Checklisten, Tabellen und Briefvorlagen auf Papier und CD. Verlag an der Ruhr, 2004, ISBN 3-86072-915-2.

In diesem Band finden Sie zahlreiche Tabellen, Checklisten, Vorbereitungs- und Auswertungsbögen sowie Vorlagen für Elternbriefe zu den unterschiedlichsten schulischen Themen und Bereichen. Auf der beigelegten CD sind alle Formulare als Microsoft-Word-Dokumente zum individuellen Anpassen und Verändern gespeichert.

Meine Erfahrung ist, dass ordnungsliebende Menschen oft gar kein System brauchen, um ordentlich zu sein. Sie sind es einfach von Natur aus. Chaotische Menschen hingegen kommen manchmal auch mit den besten Ordnungssystemen nicht zurecht und sind trotzdem im Leben erfolgreich.

4.1 Organisation des Schulalltags – damit der Überblick bleibt

Im Laufe des Schulalltags fallen bei zahlreichen Tätigkeiten Entscheidungen an, die erledigt werden müssen. Manche treten spontan und ungeplant auf, andere hingegen können langfristig geplant, einige aufgeschoben werden, andere muss man hingegen sofort und auf der Stelle erledigen.

Lehrer müssen an einem Unterrichtstag mit sechs Schulstunden etwa **6.000 Entscheidungen** treffen. Das entspricht einer Entscheidungsdichte von Fluglotsen. Nur dass diese mit 55 Jahren in den regulären Ruhestand gehen müssen (Prof. Bernhard Sieland, Uni Lüneburg, Berliner Zeitung vom 27.9.1999). Darüber hinaus sind Lehrer stündlich mit etwa 15 Konfliktsituationen konfrontiert. Deswegen sollten Sie sich den Stress ersparen, der sich umgehen lässt. (Lehrer liegen übrigens auf Platz 2 der Risikogruppe für Herz-Kreislauf-Erkrankungen, nach Piloten und den bereits genannten Fluglotsen, die sich Platz 1 teilen).

Das, was Sie Ihren Schülern für deren eigene Ordnung jeden Tag mit auf den Weg geben, sollten Sie auch für sich selbst beherzigen. Damit also bei der Planung Ihres Schulalltags möglichst selten etwas schief läuft, merken Sie sich als Erstes diesen Grundsatz:

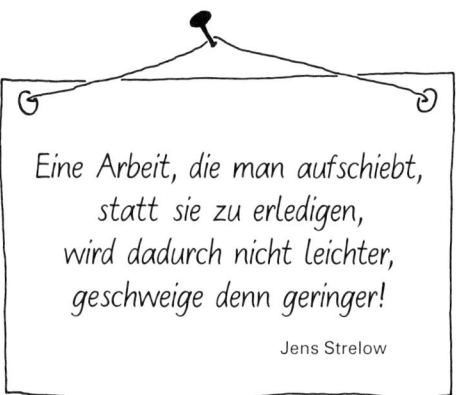

Eine Arbeit, die man aufschiebt,
statt sie zu erledigen,
wird dadurch nicht leichter,
geschweige denn geringer!

Jens Strelow

Das heißt im Klartext: **Erledigen Sie anfallende Arbeiten sofort!** Schieben Sie nichts auf, weil Sie sich vielleicht nicht zu der Arbeit motivieren können. Die Arbeit wird dadurch nicht weniger! Sie muss trotzdem im gleichen Umfang erledigt werden.

Denken Sie an die Klassenarbeit, die Sie noch zu korrigieren haben? Wie oft haben Ihre Schüler Sie schon gefragt, ob Sie die Arbeit durchgesehen haben? Geht Ihnen das nicht langsam auf die Nerven? **Versprechen Sie Ihren Schülern nichts, was Sie nicht einhalten können!** An einem Arbeitstag schaffen Sie die 24 Klassenarbeiten nicht. Aber wie wäre es damit: Sie teilen die Arbeit in drei Stapel und schwören sich, am ersten Abend wirklich nur die ersten acht Arbeiten zu korrigieren und sich anschließend mit einem guten Glas Rotwein oder einem großen Stück Schokolade zu belohnen. Die **Belohnung** ist ganz wichtig. Sie loben doch ihre Schüler auch, wenn diese etwas Gutes geleistet haben, oder etwa nicht? Wenn Sie dann nach den acht Arbeiten noch fit sind, machen Sie weiter, ansonsten die beiden verbleibenden Stapel am zweiten und dritten Tag erledigen. Und immer daran denken: Nur weil die Arbeiten schon seit einer Woche unangetastet bei Ihnen herumliegen, sind sie noch lange nicht korrigiert.

Halten Sie sich an ein paar einfache **Regeln**, dann geraten Sie nicht so schnell in Stress (Sie können auch eines der zahllosen Bücher zum Thema Zeitmanagement lesen, wenn Sie dazu Zeit haben):

▸▸ **Planen Sie Ihren Unterricht langfristig.** Das heißt: Erstellen Sie sich am Anfang des Schuljahres eine Übersicht zum Schuljahr, für jede Klasse gesondert (siehe auch Kap. 4.2)!

▸▸ **Bereiten Sie Ihre Unterrichtsstunden langfristig vor.** Das hilft nicht nur Ihrem Stress, sondern auch der Qualität des Unterrichts. Ein vorbereitetes Arbeitsblatt sollten Sie nicht erst am Morgen des Schultages ausdrucken, an dem Sie es brauchen. Sie könnten das Ausdrucken nämlich vergessen oder, noch besser, das Blatt zwar zu Hause am Computer schnell ausdrucken, es dann aber im Drucker oder auf dem häuslichen Schreibtisch liegen lassen.

▸▸ Folgendes sagen Sie Ihren Schülern doch auch immer: Die **Tasche** wird am Abend vorher gepackt und nicht erst morgens.

▸▸ Wenn Sie selber Kinder haben, kennen Sie das: Auch die **Kleidung** für den nächsten Tag sollte bereits am Abend bereitgelegt werden.

▸▸ Kopieren Sie in der Schule nie die **Arbeitsblätter** erst direkt vor der Unterrichtsstunde. Denn entweder ist wieder einmal der Kopierer defekt, oder die Schlange davor ist so lang, dass Sie es nicht mehr pünktlich in den Unterricht schaffen. Und das gibt dann zusätzlichen

Stress: Was machen jetzt meine Schüler gerade? Chaos? Wenn jetzt mein Schulleiter zufällig vorbeikommt?

▶▶ Legen Sie sich, wenn Sie nicht alles im Kopf haben können, eine Übersicht dazu an, was Sie am nächsten Tag in der Schule alles erledigen wollen (**Tagesplan,** siehe Checkliste 41), welche Materialien Sie brauchen und welche Themen Sie im Unterricht behandeln werden. Keine Sorge: Es kommen trotzdem noch genügend ungeplante Überraschungen hinzu.

▶▶ **Gute Vorsätze** helfen einem nicht, wenn sie nur Vorsätze bleiben. Schreiben Sie sich auf, welche guten Vorsätze Sie am Anfang des Schuljahres haben! Geben Sie Ihre guten Vorsätze nicht schon in der zweiten Unterrichtswoche wieder auf. Machen Sie es sich mit kleinen Tricks leichter. Wenn Sie sich z.B. vorgenommen haben, dass Ihr Schreibtisch immer aufgeräumt ist, dann befestigen Sie in der Mitte des Schreibtisches einen kleinen Zettel mit einem guten Spruch oder einem Bild Ihres Partners oder Lieblingsschauspielers, und schwören Sie sich, dass dieses Bild immer zu sehen sein muss, wenn Sie den Schreibtisch verlassen. Aber Achtung: Nicht alles mit kleinen, gelben Zetteln vollkleben. An die gewöhnt man sich ganz schnell und sieht sie dann nicht mehr.

Legen Sie sich für jede Klasse eine eigene **Mappe** an. Das kann eine Klemm-Mappe oder eine Gummizugmappe sein. In dieser Mappe sammeln Sie alles, was Sie für den aktuellen Unterricht in dieser Klasse brauchen: Ihre Notizen zu den einzelnen Stunden, je ein Exemplar der Arbeitsblätter, die Sie verteilt haben, sowie überschüssige Kopien für Schüler, die gefehlt haben, und Klassensätze der aktuellen Arbeitsblätter. In dieser Mappe können sich auch ein Sitzplan der Klasse sowie eine Zensurenliste und eine Adressliste befinden. Wenn Sie Ihre Tasche für den Schultag packen, brauchen Sie nur noch die Mappen der einzelnen Klassen einzustecken, die Sie an dem entsprechenden Tag unterrichten müssen. Ideal sind kombinierte Mappen, die ein Sammeln von losen Blättern in einem Fach und das Abheften von gelochten Kopien ermöglichen.

Checkliste 41:
„Tagesplan"

○ Montag ○ Dienstag ○ Mittwoch ○ Donnerstag ○ Freitag Datum: _____		✓
Das ist für heute besonders wichtig:		

Stunde	Klasse, Fach, Thema	Material, Arbeitsbögen, Bedenkenswertes	
1. Stunde			
2. Stunde			
3. Stunde			
4. Stunde			
5. Stunde			
6. Stunde			
7. Stunde			
8. Stunde			

Das muss in der Schule noch erledigt werden:	
Daran muss ich nach der Schule/unterwegs/zu Hause denken:	
Weitere Termine heute:	

4.2 Organisation von Terminen

Wenn Sie eine gut arbeitende Schulleitung haben, werden Sie am Beginn des Schuljahres einen Plan erhalten, der alle für Sie wichtigen Termine des kommenden Schuljahres enthält.

Wenn Sie mit Ihrer Schulleitung Pech haben oder es andere Gründe gibt, die gegen einen **Terminplan** für ein Schuljahr sprechen, müssen Sie sich selber einen solchen erstellen. Dabei haben Sie die Wahl zwischen zwei Terminplänen: Sie können Termine nach Themen bzw. Gremien sortieren, Sie können sich aber auch eine chronologische Übersicht anlegen (vgl. Abb. 12).

Abbildung 12: „Terminplan für ein Schuljahr"

Termine Schuljahr _____	
Termine (thematisch)	**Termine (chronologisch)**
Gesamtkonferenz, *14.00h, Lehrerzimmer* *Mo 15.08.* *Mo 22.09.* *Di 11.11.* *Mi 18.02.* *Do 25.03.* *Mo 24.05.* *Schulkonferenz,* *montags, 18.00h, R11* *Mo 29.09.* *Mo 22.03.* *Mo 29.03.* *Elternvertretung,* *montags, 19.30h, R21* *Mo 15.09.* *Mo 17.11.* *Mo 15.03.* *...*	*August* *Fr 15.08. Gesamtkonferenz, 14.00h* *September* *Mo 01.09. Kl. 5, 7, 9 Elternabende, 19.00h* *Di 02.09. Kl. 6, 8, 10 Elternabende, 19.00h* *Mi 03.09. Kl. 11 – 13 Elternabende, 19.00h* *Mo 15.09. Elternvertretung, 19.30h* *Di 16.09. Wandertag* *Mo 22.09. Gesamtkonferenz, 14.00h* *Mo 29.09. Schulkonferenz, 18.00h* *Oktober* *06.10. – 18.10. Herbstferien* *November* *Do 06.11. Wandertag* *Di 11.11. Gesamtkonferenz, 14.00h* *Mo 17.11. Elternvertretung, 19.30h* *Sa 22.11. Tag der offenen Tür, 11.00h* *...*

Sie werden sich vielleicht sagen: Es reicht doch, die Termine in einen Kalender oder Terminplaner einzutragen. Das ist auch wichtig, weil Sie dann für jeden Tag einen Überblick haben. Aber bedenken Sie: Wenn Sie dann einmal die Eltern Ihrer Klasse fragen, ob Sie ihnen die Termine der Wandertage im Schuljahr nennen können, müssen Sie erst das ganze Schuljahr durchblättern. Es sei denn, Sie verwalten Ihre Termine elektronisch (z.B. mit Microsoft Outlook). Dann finden Sie natürlich schneller, was Sie suchen. Aber selbst dann würde ich Ihnen empfehlen, eine Übersicht wichtiger schulischer Termine ausgedruckt bereitzuhalten.

Es gibt die verschiedensten **Lehrerkalender**, mit denen man sich durchs Schuljahr schlagen kann. Jeder hat Vor- und Nachteile. Man kann sich sogar am Anfang des Schuljahres (z.B. mit den Vorlagen aus dem bereits erwähnten Buch „Organisationshilfen für den Schulalltag") selber einen auf die eigenen Bedürfnisse zugeschnittenen Kalender anfertigen.

Einen sehr umfangreichen Lehrerkalender, den „Le-Le Schuljahresplaner" stellt die Lehr- und Lernmittel GmbH (88709 Meersburg/Bodensee, Tel. 0 7532 – 70 07) her. Diesen Planer gibt es in 16 Länderausgaben für jedes Bundesland (mit bereits vorgetragenen Ferienzeiten und Feiertagen) sowie in einer „neutralen" Version für alle Bundesländer. Dieser Kalender beinhaltet eine Zensurenverwaltung sowie eine sehr komfortable Einheit zur Planung des Unterrichts (jeweils mit einer Woche auf zwei DIN-A4-Seiten) und weiteren Formularen (z.B. für Konferenznotizen).

Versuchen Sie bereits am Schuljahresanfang, alle nötigen Termine für Ihre Klassen zu planen und festzuhalten. Zumindest für das erste Halbjahr sollten Sie bereits Termine für Klassenarbeiten festlegen. Wenn das Festlegen genauer Tage noch nicht möglich ist, dann entscheiden Sie wenigstens, in welchen Wochen geschrieben werden soll. Teilen Sie diese Termine auch anderen in den Klassen unterrichtenden Kollegen mit, so kommt es für die Schüler nicht zu unangenehmen Häufungen.

Kommen wichtige Termine (z. B. Klassenfahrten, Abiprüfungen, bewegliche Feiertage, Ferientage usw.) näher, sollten Sie sich im Kalender weitere Zeiten reservieren. Damit meine ich: Wenn Sie z. B. eine Klassenarbeit schreiben, reservieren Sie in Ihrem Kalender (bitte wirklich auch eintragen!!!) zwei oder drei weitere Abende, an denen Sie sich nichts anderes vornehmen, um die Arbeit zu korrigieren. So können Sie in etwa absehen, wann Sie eine Klassenarbeit zurückgeben. Nehmen Sie diesen Rat sehr ernst, und denken Sie daran: Die Arbeit muss gemacht werden, und sie wird nicht weniger, wenn man sie vor sich her schiebt.

Schulische Termine, vor allem die für Sitzungen, Elternabende und Fortbildungen, sind Termine, die Sie zusätzlich zu Ihrem Unterricht wahrnehmen müssen. Das bedeutet, dass Sie von Zeit zu Zeit eben keinen „Halbtagsjob" haben und schon mittags bzw. nach dem Unterrichtsschluss zu Hause sind. Deswegen müssen Sie über diese Termine ggf. vorhandene Familienmitglieder (z.B. Ihren Partner) besonders informieren. Neben meinem Stundenplan, der sich am Kühlschrank befindet, hängt bei uns zu Hause ein Familienkalender, in dem ich alle Termine außer der Reihe (d.h. außerhalb meiner Unterrichtsverpflichtung) notiere. Diese doppelte Kalenderführung mit Arbeits- und Familienkalender ist zwar aufwändig, aber unerlässlich.

4.3 Organisation der eigenen Tasche – Das brauchen Sie zum Überleben

Ihre Schultasche oder Ihr Schulrucksack sollte immer einige überlebensnotwendige Dinge enthalten. Wenn Sie nach dem Studium der nun folgenden Liste den Eindruck haben, einen Möbelwagen zu benötigen, dann sortieren Sie die für Sie völlig unwichtigen Dinge einfach wieder aus.

▸▸ Lehrerkalender mit Zensuren- und Namensliste: Manche Lehrer müssen nur ihren Kalender in einer bestimmten Situation aus der Tasche ziehen und aufschlagen, und prompt wird es in der Klasse leise.

▸▸ Kreide in mehreren Farben und ggf. Boardmarker oder Moderationsmarker (für weiße Flächen oder Moderationswände): Die Kreide sollten Sie immer für den Notfall dabei haben, am besten in einer fest verschließbaren Dose.

▸▸ Eddings, Folienstifte (abwaschbar und wasserfest) und Blanko-Folien, Textmarker und andere Stifte in verschiedenen Farben sowie Ersatz-Füller und -Killer für besonders vergessliche Schüler.

▸▸ Schere, Klebstoff, Tesafilm, Korrekturstift, Reißzwecken und Kreppband: Diese Dinge benötigen Sie zum Erstellen und Vorbereiten von Kopien sowie zum Befestigen von Materialien an Wänden im Klassenraum.

▸▸ Ersatzhefte für die Schüler (liniert und kariert) empfehlen sich vor allem bei Klassenarbeiten, diese kann man auch im Klassenschrank deponieren.

▸▸ Plakate, die man beschriften kann; hier empfehlen sich vor allem Werbeplakate aus Supermärkten, die sich auf der Rückseite beschreiben lassen.

▸▸ Leere Prospekthüllen zum Verwahren und Organisieren von Kopiervorlagen und sonstigen Materialien.

▸▸ Magneten in verschiedenen Farben gibt es günstig in Drogerien zu kaufen; das wissen allerdings noch nicht alle Lehrer, deshalb im Lehrerzimmer nie offen herumliegen lassen.

▸▸ Locher und Tacker, denn Schüler beschweren sich sehr gerne, wenn Blätter nicht gelocht sind, deshalb gleich nach dem Kopieren lochen, notfalls mit dem Mini-Notlocher im Klassenraum; lose Blätter (z.B. bei Klassenarbeiten) können mit dem Tacker zusammengeheftet werden, das spart später Sortier-Zeit.

▸▸ Ein Küchenwecker ist hilfreich bei Stillarbeitsphasen oder Gruppenarbeiten, um das Ende zu markieren.

▸▸ Skat-Kartenspiel: Hiermit lassen sich wunderbar Gruppen nach dem Zufallsprinzip einteilen (z.B. alle Herzen oder alle Asse ...).

▸▸ Würfel, um Zensuren festzulegen oder Gruppen einzuteilen, und Spielpüppchen.

▸▸ Taschentücher, Pflaster, Kopfschmerztabletten (diese nur für den Eigenbedarf) und Pfefferminzbonbons (hier erübrigt sich wohl ein Kommentar).

4.4 Ordnung im Lehrerzimmer

Im Lehrerzimmer sieht es manchmal chaotisch aus. Vor allem dann, das schrieb ich schon, wenn jeder seinen fest reservierten Platz hat. Dann kann jeder auf seinem Tisch seine Sachen ablegen und lagern. Nur einmal im Jahr, wenn die Reinigungsfirma den Großputz ankündigt, muss jeder seinen Kram wegräumen. Dann wird alles ganz schnell in eine Ecke, ein Fach oder in einen Schrank geräumt. Die Fensterbretter werden freigemacht, die Plakate, Fußbälle und Kartons, die sich noch auf den Schränken im Lehrerzimmer befinden, verschwinden. Kaum ist der Großputz dann vorbei, sieht alles so aus wie vorher.

Das liegt vor allem an Folgendem:

▸▸ Guter Unterricht ist immer eine Materialschlacht (natürlich gibt es auch Ausnahmen).

▸▸ Im Lehrerzimmer ist es immer zu eng, und fast niemand besitzt einen eigenen, großzügigen Schreibtisch, geschweige denn, ein eigenes Regal oder einen Schrank.

▸▸ Viele Materialien können nicht jeden Tag erneut von zu Hause in die Schule und wieder zurück geschleppt werden.

▸▸ In den Pausen besteht selten Zeit zum Aufräumen, da müssen nur die wichtigsten Dinge zusammengesucht und die nötigsten Gespräche geführt werden (nicht zu vergessen: schnell ein Schluck aus der Kaffeetasse!).

▸▸ Nach Schulschluss zieht es einen nach Hause. Wer will da noch in der Schule bleiben und seinen Platz aufräumen?

Nun ist Ihnen vielleicht aufgefallen: Manche Lehrer schaffen es trotzdem, immer einen freien und ordentlichen Platz im Lehrerzimmer zu haben. Sind das vielleicht die Latein- und Mathematiklehrer?

Auch wenn Sie es nicht schaffen, Ihren Platz im Lehrerzimmer immer zu pflegen (die Checkliste 42 kann Ihnen dabei vielleicht helfen), eines sollten Sie ernst nehmen: Leeren Sie Ihr Fach regelmäßig! Seien Sie hier nicht nachlässig, sonst verschwindet plötzlich einmal eine sehr wichtige Mitteilung, z.B. der Wunsch von Eltern zu einem Gespräch, zwischen dem Altpapier.

Dennoch bleibt die Frage: Wohin nun mit den vielen Materialien? Sie müssen nicht immer alles im Lehrerzimmer deponieren. Vieles kann auch im Klassenraum gelagert werden (vgl. Kap. 3.2 „Die Klassenraumgestaltung").

Checkliste 42:
„Ordnung im Lehrerzimmer"

Klären Sie in Bezug auf das Lehrerzimmer:	✓
Wo kann Material untergebracht werden?	
Gibt es Schränke für Lehrer?	
Gibt es Möglichkeiten zur Materiallagerung ▪ *in einer Bibliothek* ▪ *im Fachbereich (Sammlung)* ▪ *in Vorbereitungsräumen* ▪ *im Klassenraum?*	
Eigenes Fach regelmäßig leeren!	

4.5 Organisation des häuslichen Schreibtisches (Ablage, Steuern usw.)

Ich empfehle Ihnen, sich von Anfang an ein **Ordnungssystem** für Ihr Unterrichtsmaterial anzulegen (siehe hierzu auch Checkliste 43). Sie sollten sich für die Schule für jede Klasse eine eigene Mappe oder zumindest ein Fach in einer Sammelmappe, und für zu Hause einen Ordner anlegen. Wie Sie die Verlaufsplanungen und Arbeitsblätter sortieren, bleibt Ihnen selbst überlassen. Ich möchte Ihnen zwei Möglichkeiten vorstellen.

1. Sie legen sich für jedes Fach in einer Klassenstufe einen (breiten) Ordner an, in dem Sie Verlaufsplanungen und Arbeitsblätter nach Themen sortiert in Sichthüllen ablegen. Am Anfang Ihrer Berufstätigkeit werden Sie vielleicht denken, den kriegen Sie nie voll. Aber Sie werden sehen: Das geht schneller, als Sie denken. Benötigte Blätter entnehmen Sie zum Kopieren und heften diese später wieder ab. Später bedeutet: Entweder, nachdem Sie die Vorlagen nicht mehr brauchen, oder am Ende der Woche. Ich empfehle Ihnen, sortieren Sie die Vorlagen nach wenigen Wochen wieder sorgfältig ein, sonst verlieren Sie schnell den Überblick.
Parallel zum Ordner sollten Sie Ihre Reihenplanung sorgfältig strukturiert in Ihrem PC abspeichern. Versuchen sie auch hierbei, die Ordner eindeutig zu benennen und anzulegen, damit Sie auch in ein paar Jahren noch alles wieder finden. Mit dem Ordner aus dem Regal und im PC ist Ihre Reihen- und somit auch Unterrichtsplanung komplett!

2. Die zweite Möglichkeit besteht darin, alle Blätter, Texte und Materialien, die Sie anfertigen bzw. bekommen, durchzunummerieren. Ohne auf die Klassenstufe oder das Fach zu achten, bekommt jedes Blatt eine Nummer. In Ordner I. liegen dann die Blätter 001 – 250, in Ordner II. die Blätter 251 – 499 usw. Parallel dazu legen Sie im Computer oder mit Ihrem „Handheld" eine Tabelle an, in der Sie die Materialien mit Nummer, Titel und einigen Stichwörtern erfassen (vgl. Abb. 13).

Mit der Funktion „Bearbeiten" --> „Suchen" findet man auf Anhieb das richtige Arbeitsblatt (wenn es an der richtigen Stelle abgeheftet ist). Hilfreich ist es, nicht nur die Blätter durchzunummerieren (z.B. auf der Rückseite), sondern auch die Sichthüllen mit den entsprechenden Nummern zu versehen.

Abbildung 13: Auflistung der Arbeitsblätter

Nr.	Thema	Klasse	Stichwörter
001	Deutsch: Relativsatz	Kl. 6	Relativpronomen, Komma
002	Musik: Der Dur-Dreiklang	Kl. 7	große Terz, kleine Terz, Quinte
...			
173	Biologie: Die Zellteilung	Kl. 8	Abbildung Mitose und Meiose
174	Deutsch: Die Fabel	Kl. 5	Luther: Der Kranich und der Frosch
175	Musik: Werbemusik	Kl. 10	Jingle, Werbelied, Erkennungsmelodie
176	Deutsch: das und dass	Kl. 6	Relativpronomen und Konjunktion
177	Deutsch: Der Konjunktiv	Kl. 7	könnte, wollte, würde, sollte, müsste
...			

Wenn Ihnen Vorschlag Nummer 2 zu unsystematisch sein sollte, kombinieren Sie beide Methoden miteinander: Sortieren Sie nur nach Fächern, nicht aber nach Themen bzw. Klassenstufen. Dann könnte es in Musik die Nummerierung Mu001 – Mu399 geben, in Biologie die Nummern Bi001 – Bi449 usw.

Ich arbeite bei in diesem Schuljahr bereits verwendeten Arbeitsblättern mit einem einfachen **Ablagesystem**. Das geht am schnellsten: Jedes Fach hat für jede Klassenstufe ein kleines Ablagekörbchen (manchmal sind auch zwei Klassenstufen zusammengefasst), in das die Blätter in Sichthüllen nach Verwendung gelegt werden. Ist es voll, hefte ich alles in den entsprechenden Ordner.

Ein sorgfältiges Ordnungs- und Ablagesystem erleichtert Ihnen die zukünftige Arbeit erheblich. Wenn Sie z.B. wieder die gleiche Klasse an der gleichen Schule unterrichten müssen, können Sie einfach Ihren Ordner nehmen und brauchen keinen Unterricht neu vorzubereiten.

Darüber hinaus führe ich einige weitere Ordner:

▸▸ **„Meine Klasse"**: Hier finden sich alle Listen, Beurteilungen, Elternbriefe, Protokolle von Elternversammlungen und Elterngesprächen, Planungen für Klassenfahrten usw. Aber auch die Geburtstagskarte, die meine Schüler mir schreiben, und die Klassenfotos werden hier abgelegt.

▸▸ **„Listen und Pläne"**: Hier sammle ich Beschlüsse zu Beurteilungen und zur Anzahl und Bewertung von Klassenarbeiten, aber auch diverse andere Listen (Telefonliste des Kollegiums), wichtige Adresslisten (Schulamt, Personalstelle, Ministerium), Organigramme usw.

▸▸ **„Schulamt"** bzw. **„Gehaltsstelle"**: In diesem Ordner werden alle Schreiben und Schriftwechsel mit offiziellen Stellen, meine Berufstätigkeit betreffend, sowie alle Gehaltsbescheinigungen abgeheftet.

▸▸ **„Diverses"**: In diesem Ordner sammle ich alles, was an anderer Stelle keinen Platz hat oder keinen Sinn macht. Das können interessante bzw. kuriose Zeitungsartikel sein, hier kommen aber auch sonstige Materialien aus der Schule hinein. Ein Kollege gibt mir z.B. ein interessantes Rätsel, das man gut in einer Vertretungsstunde machen kann, das hefte ich dann hier ab.

▸▸ **„Klassenarbeiten"**: Ggf. müssen Sie geschriebene Klassenarbeiten eine Weile (meist ein Jahr) lagern. Ist diese Lagerung in der Schule nicht möglich oder üblich, können Sie sich dazu ebenfalls einen Ordner anlegen. Oder Sie benutzen einfach einen großen, alten Schuhkarton, der auf dem obersten Regalbrett seinen Platz hat.

In meinem Regal habe ich für **Schulbücher und Unterrichtsmaterialien** jedes Faches ein Regalbrett reserviert. Im Laufe des Berufslebens wird dieses eine Regalbrett zwar irgendwann nicht mehr ausreichen, aber es ist zumindest ein Anfang. Die Schulbücher sind nach Klassenstufen sortiert und haben – falls die Klassenstufe nicht auf dem Buchrücken angegeben ist – eben dort einen kleinen runden farbigen Aufkleber: grün für die Klassenstufen 5 und 6, gelb für die Klassen 7 und 8 sowie rot für 9 und 10. Dieses System vereinfacht das Zurückstellen der Bücher erheblich, weil man nicht jedes Mal im Buch nachsehen muss, für welche Klassenstufe es konzipiert ist. Zusätzlich befindet sich auf dem Regalbrett ebenfalls ein kleiner, farbiger Aufkleber.

In einem Stehsammler sammle ich alle aktuellen **Kataloge von Schulbuchverlagen**. Erscheint ein neuer Katalog, meist zum Jahresbeginn, wird er gegen den alten ausgetauscht, der dann im Altpapier landet.

Natürlich dürfen in dem Regal auch nicht die **Richtlinien und Lehrpläne** für die jeweiligen Fächer fehlen. Auch diese sind in einem Stehsammler zusammengefasst.

Für die **jährliche Steuererklärung** und das Geltendmachen des häuslichen Arbeitszimmers sollten Sie folgende Belege sammeln (falls es bis zum Erscheinen dieses Buches noch nicht die Steuererklärung auf dem Bierdeckel gibt):
- Stromrechnungen, Miete, Heizung
  (prozentual zur Gesamtrechnung der Wohnung)
- Telefonrechnung (20% können steuerlich abgesetzt werden)
- Einrichtung und Reinigung des Arbeitszimmers
  (z.B. Rechnungen für Regale, Ablagen, Schränke, Lampen etc.)
- Bücher (auch für dieses Buch!), CDs, DVDs
- Arbeitsmaterialien, Schreibwaren, Papier
- Computer, Drucker, Patronen, sonstiges Zubehör
- Portokosten
- Fahrtkosten (z.B. zu Fortbildungen)
- Beiträge zu Krankenkassen, Versicherungen, Gewerkschaften
- Spenden

Checkliste 43:
„Häusliche Organisation"

Organisieren Sie sich Ihr Arbeitszimmer:	✓
Sammelmappe oder Ordner für die Schule	
Ordnungssystem nach Klassenstufen und Fächern?	
Ordnungssystem Nummerierung?	
Kombination aus Fach und Nummer?	
Ordner anlegen: ■ *„Meine Klasse"* ■ *„Listen und Pläne"* ■ *„Schulamt"* ■ *„Diverses"* ■ *„Klassenarbeiten"*	
Schulbücher nach Klassen sortieren	
Stehsammler für Kataloge der Schulbuchverlage	
Stehsammler mit Richtlinien und Lehrplänen	
Stehsammler zum Sammeln der Belege für das Finanzamt	

4.6 Organisation der Unterrichtsvorbereitung

Unterrichtsplanung und Unterrichtsvorbereitung sind notwendig. Im Zuge der Planung des Unterrichts kommt man immer wieder zur Frage, was eigentlich guter Unterricht ist. Der anerkannte Erziehungswissenschaftler **Hilbert Meyer** benennt in einem Interview der Zeitschrift „Schulmanagement" (Heft 5/2005) dazu folgende zehn Merkmale:

1. Strukturiertheit (klare Strukturierung des Lehr- und Lernprozesses)
2. Lernzeit (Ausweitung des Anteils „echter" Lernzeit der Schüler)
3. Methodenvielfalt
4. Stimmigkeit der Ziele, Inhalte und Methoden
5. Intelligentes Üben
6. Unterrichtsklima (Schaffung einer lernförderlichen, positiven Arbeitsatmosphäre)
7. Sinnstiftende Unterrichtsgespräche (Vermittlung zwischen Lehrplan und Schülerinteressen)
8. Förderhaltung (Orientierung am individuellen Lernstand, Ermutigung zum Lernen und Vermittlung von Lernstrategien)
9. Schüler-Feedback (regelmäßige Nutzung von Schülerrückmeldungen für die Planung und Durchführung des Unterrichts)
10. Klare Leistungserwartungen und -kontrollen (Transparenz der den Schülern vermittelten bzw. zwischen Lehrern und Schülern ausgehandelten Lernerwartungen und Deutlichkeit der Leistungsrückmeldungen)

Was heißt das nun konkret? Wenn Sie versuchen, diese Merkmale alle in jeder Ihrer Stunden vom ersten Schultag Ihres Lehrerlebens an umzusetzen, dann werden Sie sehr schnell im Schulleben scheitern. Überfordern Sie sich mit Ihren pädagogischen Idealen nicht in den ersten Wochen und Monaten. Aber: Merken Sie sich diese Liste, kopieren Sie sich diese, und hängen Sie sie über Ihren Schreibtisch. Überprüfen Sie Ihren Unterricht immer mal wieder kritisch nach diesen Merkmalen.

Ansonsten gilt für jegliche Unterrichtsvorbereitung: **Machen Sie es sich nicht schwerer als nötig, und erfinden Sie das Rad nicht jeden Tag neu.** Es gibt zahlreiche Stellen und Einrichtungen, bei denen Sie sich Hilfen für die Unterrichtsvorbereitung holen können. Bücher und Unterrichtsmaterialien helfen Ihnen ungemein. Zusätzlich sind da einmal die

Landesinstitute der Kultusministerien, die zum einen meist sehr gute Bibliotheken, zum anderen aber auch Material-Sammlungen zu Themen der unterschiedlichen Curricula haben (Adressen finden Sie im Anhang). Bei den Landesinstituten oder bei den Landsbildstellen erhalten Sie auch CDs, Filme, Videos und DVDs zum Entleihen.

Darüber hinaus gibt es in Schulen oft hilfreiche Materialsammlungen in den einzelnen Fachbereichen (siehe Kap. 2 „Im eigenen Fachbereich"), und Kollegen helfen Ihnen gerne weiter, wenn Sie mit einem Thema, das Sie gerne in naher Zukunft behandeln möchten, zu ihnen kommen.

Für den Unterricht: Sie machen sich nicht für jede Stunde einen kompletten Unterrichtsentwurf. Das ist klar. Das haben Sie im Referendariat noch geübt, aber wenn Sie jetzt abends am Schreibtisch zu Hause sitzen und den Unterricht für den nächsten Tag, die nächste Woche oder die nächste Unterrichtsreihe vorbereiten, reicht ein **„Spickzettel"** in Kurzform (vgl. Abb. 14). Spickzettel sind nicht nur für Schüler wichtig, sondern auch für Sie als Lehrer. Sie sortieren Ihre Gedanken und Planungen, wiederholen schriftlich, Sie reduzieren auf Wesentliches und prägen sich Ihre Vorhaben dabei gut ein. Auch viele meiner älteren Kollegen machen sich Spickzettel für den Unterricht. Ob „wieder" oder „immer noch", das sei dahingestellt ... Wichtig ist, dass Sie sich auf diesen Spickzetteln vermerken, welche Materialien Sie benötigen.

Wenn Sie sich systematisch diese Spickzettel anlegen, haben Sie so nach und nach eine stattliche Sammlung von Unterrichtsplanungen zusammen, auf die Sie später gut zurückgreifen können (vgl. Kap. 4.5).

Abbildung 14: „Spickzettel: Musikunterricht"

Einführung: Die Variation (Klasse 6b)

Einstieg (Impuls): Höraufgabe und Vergleich „Taler, Taler, du musst wandern",
        einmal Thema, einmal rhythmische Variation › CD
Erarbeitung (Unterrichtsgespräch): Vgl. der beiden Versionen
Tafelbild: mit und ohne rhythmische Veränderung
Einzelarbeit: Abschreiben des Themas und selbstständige Vollendung
        der Variation
Sicherung: Einüben beider Versionen auf den Glockenspielen › Glockenspiele
Schluss: gemeinsames Musizieren › Instrumente

Für Ihre Spickzettel können Sie folgendes Formular (siehe Abb. 15) verwenden, das Sie natürlich auch nach eigenen Bedürfnissen umgestalten können. Es ist hilfreich, sich diese Formulare zu Hause in ausreichender Anzahl zurechtzulegen. Auch für eingefleischte Computer-Freaks gilt: Manchmal geht es schneller, etwas kurz handschriftlich zu machen, als erst mühsam den Rechner hochzufahren, ein Formular zu laden, auszufüllen und schließlich zu speichern und auszudrucken. Auch das ist Zeitökonomie, die Ihnen anschließend mehr Freizeit verschafft (siehe Kap.4.7 „Es gibt nicht nur Schule").

Abbildung 15: „Unterrichtsvorbereitung"

Klasse: _____ Fach: _____		
Datum:		
Unterrichtsreihe:		
Unterrichtsthema:		
Unterrichtsziel:		
Unterrichts-phase	*Unterrichtsinhalt*	*Materialien/Medien*
Einstieg		
Erarbeitung		
Präsention		
Sicherung		
Transfer		
Hausaufgaben		
Sonstiges		

4.7 Es gibt nicht nur Schule! – Organisation des Privatlebens

Robert W. trifft auf dem Weg zur Schule in der S-Bahn gelegentlich seine Kollegin Birgit L., eine erfahrene Deutsch- und Englischlehrerin, von ganzem Herzen und mit ganzer Seele Lehrerin. Oft unterhalten sie sich über Kollegen, über Schüler, die beide unterrichten, oder aber über das schwierige Leben des Lehrers mit all den Belastungen, die der Beruf so mit sich bringt. Wenn sie sich Montag morgens treffen, klagt sie ihm oft ihr Leid: „Das war wieder ein Wochenende! Zwei Tage lang nur Korrekturen. Mein Mann hat sich mal wieder beschwert, ich würde zu wenig Zeit für ihn haben. Nicht mal mit dem Hund war ich draußen. Das mussten die Kinder übernehmen. Und dann auch noch die Unterrichtsvorbereitungen für die ganze Woche. Heute fühle ich mich, als hätte ich gar kein Wochenende gehabt." Robert W. wird ganz still. Was hat er am Wochenende gemacht? Sich mit Freunden getroffen, und, na gut, am Sonntagabend auf den Tatort verzichtet, um die Tests durchzusehen. Ganz unverblümt fragt er Birgit: „Was hast du eigentlich so für Hobbys?" – „Hobbys? Ich habe doch die Schule! Und gelegentlich gehe ich mit dem Hund raus. Für mehr reicht die Zeit nicht. Außerdem: Um meine Hobbys kann ich mich doch noch kümmern, wenn ich in zehn Jahren pensioniert werde." Da ist Robert W. nun aber doch sprachlos. Mit Herz und Seele Lehrer ist gut, aber so möchte ich nie werden, denkt er sich ...

Keine Sorge: An dieser Stelle folgt nun keine ellenlange Abhandlung dazu, wie Sie Ihr Privatleben organisieren sollen. Das kann und will dieses Buch auch gar nicht. Hier geht es lediglich darum: Es ist wichtig, dass Sie, auch in den Anfangsjahren des Berufslebens, neben der Schule Zeit für sich selber haben. Sonst gehören Sie sehr schnell zu den Lehrern mit dem Burn-out-Syndrom. **Sie können nur ein guter und erfolgreicher und damit glücklicher Lehrer sein, wenn es für Sie neben der Schule ein Privatleben gibt.**

Wenn Sie das Gefühl haben, dass alles über Ihnen zusammenbricht und Sie Ihre beruflichen und privaten Termine nicht mehr miteinander koordiniert bekommen, sollten Sie vielleicht doch beginnen, Aufgaben-, Zeit- und Terminpläne zu führen. Das Wichtigste dabei ist, dass Sie sich Zeit dafür nehmen, die Aufgaben, die zu bewältigen sind, zu planen. Arbeiten Sie ab sofort nicht mehr planlos eine Aufgabe nach der anderen ab. Gehen Sie vielmehr planvoll vor, und listen Sie am Anfang der Woche alle Aufgaben auf, die Sie neben dem Unterrichten erledigen müssen (siehe Checkliste 44).

Checkliste 44:
„Wochenplanung"

Datum: _____ bis _____			✓
Aufgabe	Möglicher Wochentag	Dauer	

Übertragen Sie die Aufgaben mit Uhrzeit in Ihren Tagesplaner oder Kalender. Denken Sie daran, dass Sie nur etwa 60 Prozent der Ihnen zum Arbeiten zur Verfügung stehenden Zeit verplanen! Denn in der Regel werden Sie länger brauchen, als Sie planen. Aufgaben, die Sie nicht erledigt haben, tauchen in der nächsten Woche wieder in Ihrer

Aufgabenliste auf. Wenn eine Aufgabe immer wieder auftaucht, sollten Sie überlegen, warum Sie gerade diese Aufgabe nicht erledigen. Kann sie eventuell ganz gestrichen werden?

Mit der sinnvollen Planung anfallender Aufgaben haben Sie aber immer noch nicht Ihr Privatleben organisiert. Es werden lediglich Aufgaben verteilt, die im Berufs- und Privatleben anfallen. **Deswegen nehmen Sie sich ganz bewusst vor, neben den anfallenden Aufgaben auch noch für diese Lebensbereiche Zeit einzuplanen:**

▸▸ **Partner** – Planen Sie einen regelmäßigen festen Abend in der Woche als Termin in Ihren Kalender ein. Verschieben Sie diesen Termin nie!

▸▸ **Kinder** – Wenn Sie Kinder haben, wissen Sie, wie wichtig es ist, Zeit miteinander zu verbringen. Zu den elementaren Erlebnissen, die Kinder brauchen, gehört: eine Nacht unter freiem Himmel, ein Abend am Lagerfeuer, einmal so einen richtigen Guss Regen abbekommen!

▸▸ **Freunde** – Ich hoffe, Sie haben nicht nur Lehrer als Freunde! Dann sprechen Sie bei jedem Treffen über die Schule. Andere Freunde sind manchmal leichter zu ertragen: Da werden Sie zwar auch immer wieder die gleichen Vorurteile über Lehrer zu hören bekommen, Sie können aber jedes Mal mit dem gleichen Spruch kontern („Jeder darf in Deutschland Lehrer werden!"). Dann hören Ihre Freunde bald auf damit. Gemeinsame Zeit mit Nicht-Lehrer-Freunden kann einem den Horizont erheblich erweitern!

▸▸ **Hobbys** – Treiben Sie Sport, und wenn Sie nur regelmäßig zweimal in der Woche laufen gehen, aber machen Sie etwas. Das erhöht nicht nur die Lebenserwartung um 2,3 Jahre, man bekommt den Kopf frei, kommt raus aus den eigenen vier Wänden und hat die Chance, einmal über andere Sachen nachzudenken.

▸▸ **Das eigene seelische Wohlbefinden** (religiös/spirituell) – Glauben Sie an Gott? Wie dem auch sei, vernachlässigen Sie ihr seelisches Wohlbefinden nicht! Versuchen Sie, für sich selber herauszufinden, was Ihnen gut tut, wo Sie sich heimisch fühlen und was Ihnen Kraft gibt. Räumen Sie sich dafür einen großen Freiraum ein. Die Kraft, die Sie gewinnen werden, hilft Ihnen, die Tage, an denen Sie viel Arbeit und Stress haben, durchzustehen.

▸▸ **Und**, gehen sie mal wieder so richtig nett aus! Lassen sie es krachen! Sie haben es sich verdient!

4.8 Gewerkschaften, Verbände und Krankenkassen

Ich empfehle Ihnen dringend die Mitgliedschaft in einer **Lehrergewerkschaft** oder einem **Lehrerverband**. Gerade die mit der Mitgliedschaft verbundene Berufshaftpflicht- und Rechtsschutzversicherung kann in manchen Situationen für Berufseinsteiger sehr hilfreich sein. Neben den großen Gewerkschaften (GEW, VBE) gibt es zahlreiche Verbände für einzelne Fächer und Schulzweige (z. B. Grundschullehrerverband, Philologenverband usw.).

Gerade Lehrer, die Zeitverträge haben oder nur teilzeitangestellt sind, sollten ihre Arbeitsverträge von einem unabhängigen Fachmann überprüfen lassen. Noch wichtiger wird das, wenn Zeitverträge immer wieder verlängert werden und eine unbefristete Festanstellung nicht in Sicht ist. Die Gewerkschaften bieten juristische Beratungen an oder übernehmen im Rechtsschutzfall auch die Anwalts- und Gerichtskosten. Aber: Dazu ist es notwendig, bereits vor Eintreten eines Falls Mitglied in einer Gewerkschaft zu sein.

Welche Vorteile hat die Mitgliedschaft in einer Gewerkschaft oder einem Verband noch?

▸▸ Regelmäßige Publikationen und Zeitschriften halten Sie über bildungspolitische, pädagogische und rechtliche Entwicklungen auf dem Laufenden.

▸▸ In den Gewerkschaften gibt es unterschiedliche Interessengruppen, z. B. auch für Junglehrer.

▸▸ Die Gewerkschaften bieten zu den unterschiedlichsten Themen Fortbildungen an.

▸▸ Die Gewerkschaften setzten sich in Verhandlungen mit Politikern für die Interessen ihrer Mitglieder ein.

Wenn Sie verbeamtet werden, müssen Sie sich überlegen, ob Sie sich freiwillig in der gesetzlichen **Krankenkasse** oder in einer privaten Krankenkasse versichern. Die Beiträge weichen stark voneinander ab. Daher lohnt es sich, Leistungen und Beiträge sorgfältig miteinander zu vergleichen. Die Regelungen für Krankenkassen und die Beihilfe sind von Bundesland zu Bundesland unterschiedlich. Grundsätzlich können Sie sich an folgenden Punkten orientieren:

▸▸ Sind Sie freiwillig in einer gesetzlichen Krankenkasse oder einer Ersatzkasse versichert, zahlen Sie den vollen Beitrag, der sich prozentual nach dem Gehalt richtet. Meist können nicht berufstätige Familienmitglieder kostenlos mitversichert werden. Einige Leistungen werden von diesen Versicherungen nicht übernommen (je nach Krankenkasse z.B. Naturheilkunde). Ärzte, Krankenhäuser und Apotheken rechnen direkt mit der Krankenversicherung ab.

▸▸ Versichern Sie sich in einer privaten Krankenversicherung, müssen Sie nur den Prozentsatz versichern, der nicht von der Beihilfe des Arbeitgebers übernommen wird. Sie zahlen also einen geringeren Beitrag, müssen aber ggf. alle nicht berufstätigen Familienmitglieder extra versichern. Sie erhalten mehr Leistungen. Alle Rechnungen müssen Sie selber bezahlen und anschließend bei der Krankenversicherung und der Beihilfestelle einreichen. Das bedeutet einen erheblich höheren „Papierkram", unter Umständen rechnet sich aber dieser höhere Aufwand.

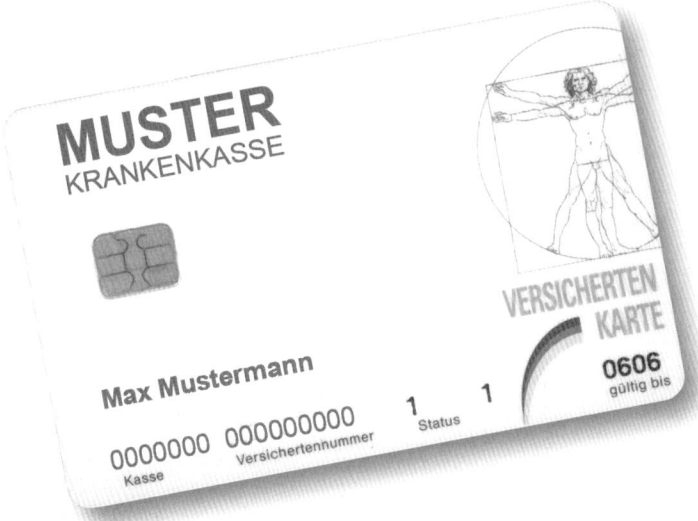

Sie werden nicht umhin kommen, die Angebote mehrerer privater und gesetzlicher Krankenversicherungen miteinander zu vergleichen. Fragen Sie auch Ihre Kollegen, für welchen Weg diese sich entschieden haben. Kollegen können Ihnen auch Namen von Versicherungen nennen, die ihrer Meinung nach einen guten Eindruck machen.

Schluss

Während der Entstehung dieses Buches habe ich viele Gespräche mit Referendaren, jungen Lehrern und „Neuankömmlingen" an verschiedenen Schulen geführt. Aber auch erfahrenere Kollegen haben mir hilfreiche Hinweise und Tipps gegeben, wofür ich ihnen allen herzlich danken möchte.

Wenn ich nach dem Wichtigsten fragte, das ein Junglehrer unbedingt wissen müsste, wurden oft die gleichen Punkte genannt. Deshalb möchte ich hier noch einmal zusammentragen, worauf Sie unbedingt als Erstes achten und welche Kapitel Sie in diesem Titel am ehesten lesen sollten, wenn Sie am Beginn Ihres Berufslebens an eine neue Schule kommen.

Welche Regelungen gibt es in Bezug auf:

▸▸ den Umgang mit Schülern,

▸▸ die Aufsichten,

▸▸ Klassenarbeiten und Tests,

▸▸ Krankheit und Vertretungen.

Für Ihren Einstieg in das Berufsleben als Lehrer wünsche ich Ihnen alles Gute, viel Erfolg und vor allem eines: Gelassenheit!

Eines Abends im Spätherbst sitzt Robert W. in seinem Wohnzimmer und sinnt über die ersten Wochen seines Berufslebens nach. Er lehnt sich in seinem gemütlichen Sessel zurück, greift nach dem Glas mit dem guten, trockenen Rotwein (2003er Pinot Noir aus dem Weingut „Schamari-Mühle" im Rheingau) und nimmt einen Schluck. Dann schließt er die Augen und genießt die Musik (Keith Jarretts CD „The melody at night with you"), die leise im Hintergrund erklingt. Etwas turbulent gewesen, der Einstieg, denkt er, aber nun läuft schon vieles in geordneten Bahnen. So kann es weitergehen. Und was kommt morgen auf mich zu? Ach, morgen ist morgen, heute ist heute ...

Wichtige Adressen

 Kultusministerien:

Baden-Württemberg: Ministerium für Kultus, Jugend und Sport
www.km-bw.de

Bayern: Staatsministerium für Unterricht und Kultus
www.stmuk.bayern.de/km/index.shtml

Berlin: Senatsverwaltung für Bildung, Jugend und Sport
www.sensjs.berlin.de

Brandenburg: Ministerium für Bildung, Jugend und Sport
www.mbjs.brandenburg.de

Bremen: Senator für Bildung und Wissenschaft
www.bildung.bremen.de

Hamburg: Behörde für Bildung und Sport
www.fhh.hamburg.de/stadt/Aktuell/behoerden/bildung-sport/start.html

Hessen: Kultusministerium
www.kultusministerium.hessen.de

Mecklenburg-Vorpommern: Ministerium für Bildung, Wissenschaft und Kultur
www.kultus-mv.de

Niedersachsen: Kultusministerium
www.mk.niedersachsen.de

Nordrhein-Westfalen: Ministerium für Schule, Weiterbildung, Wissenschaft und Forschung
www.bildungsportal.nrw.de/BP/Ministerium

Rheinland-Pfalz: Ministerium für Bildung, Frauen und Jugend
www.mbfj.rlp.de

Saarland: Ministerium für Bildung, Kultur und Wissenschaft
www.bildung.saarland.de

Sachsen: Staatsministerium für Kultus
www.sachsen.de/?de/bf/staatsregierung/?ministerien/index_kultus.html

Sachsen-Anhalt: Kultusministerium
www.mk.sachsen-anhalt.de

Schleswig-Holstein: Ministerium für Bildung, Wissenschaft, Forschung und Kultur
www.landesregierung.schleswig-holstein.de

Thüringen: Kultusministerium
www.thueringen.de/tkm

Landesinstitute (Stand: 2006)

Baden-Württemberg
Landesinstitut für Schulentwicklung
Rotebühlstraße 131
70197 Stuttgart
Tel.: 0711-6642-0, Fax: -6642-108
E-Mail: poststelle@ls.kv.bwl.de

Landesakademie für Fortbildung und
Personalentwicklung an Schulen Comburg
74523 Schwäbisch Hall
Tel.: 0791-93020-0, Fax: -93020-30
E-Mail: poststelle@aka-co.kv.bwl.de

Landesakademie für Fortbildung und
Personalentwicklung an Schulen (rAöR)
Donaueschingen
Villinger Straße 33
78166 Donaueschingen
Tel.: 0771-8092-0, Fax: -8092-55
E-Mail: info@akademie-donaueschingen.de

Landesakademie für Fortbildung und
Personalentwicklung an Schulen Esslingen
Steinbeisstraße 1
73730 Esslingen
Tel.: 0711-930701-0, Fax: -930701-10
E-Mail: info@landesakademie.org

Landesinstitut für Schulsport
Baden-Württemberg
Reuteallee 40
71634 Ludwigsburg
Tel.: 07141-140-623, Fax: -140-639
E-Mail: info@lis-in-bw.de

Landesakademie für Fortbildung und
Personalentwicklung an Schulen
Schillerstraße 8
75365 Calw
Tel.: 07051-9229-0, Fax: -9229-10
E-Mail: poststelle@sal-cw.kv.bwl.de

Bayern
Akademie für Lehrerfortbildung
und Personalführung Dillingen
Kardinal-von-Waldburg-Straße 6–7
89407 Dillingen a.d. Donau
Tel.: 09071-53-0, Fax: -53-200
E-Mail: direktor@alp.dillingen.de

Bayerisches Staatsinstitut für Hochschul-
forschung und Hochschulplanung
Prinzregentenstraße 24
80538 München
Tel.: 089-21234-405, Fax: -21234-450
E-Mail: Sekretariat@ihf.bayern.de

Staatsinstitut für Frühpädagogik
Winzererstraße 9
80797 München
Tel.: 089-99825-1900-1903, Fax: -99825-1919
E-Mail: mail@ifp-bayern.de

Staatsinstitut für Schulqualität
und Bildungsforschung (ISB)
Schellingstr. 155
80797 München
Tel.: 089-2170-2101, Fax: -2170-2105
E-Mail: kontakt@isb.bayern.de

Berlin
Berliner Landesinstitut für
Schule und Medien (LISUM)
Alt-Friedrichsfelde 60
10315 Berlin
Tel.: 030-9021-2800
E-Mail: info@lisum.verwalt-berlin.de

Brandenburg
Landesinstitut für Schule und Medien
Brandenburg (LISUM Bbg)
Struveweg
14974 Ludwigsfelde
Tel.: 03378-209-0, Fax: -209-198
E-Mail: poststelle@lisum.brandenburg.de

Bremen
Landesinstitut für Schule (LIS)
Am Weidedamm 20
28215 Bremen
Tel.: 0421-36114406, Fax: -3618310
E-Mail: fortbildung@lis.bremen.de

Hamburg
Landesinstitut für Lehrerbildung
und Schulentwicklung
Felix-Dahn-Str. 3
20357 Hamburg
Tel.: 040-42801-2360, Fax: -42801-2975
E-Mail: li@li-hamburg.de

Hessen
Institut für Qualitätsentwicklung (IQ)
Walter-Hallstein-Str. 3
65197 Wiesbaden
Tel.: 0611-5827-0, Fax.: -5827-109
E-Mail: k.rheingans@iq.hessen.de

Amt für Lehrerbildung
Stuttgarter Straße 18–24
60329 Frankfurt am Main
Tel.: 069-38989-00, Fax: -38989-222
E-Mail: info@afl.hessen.de

Mecklenburg-Vorpommern
Landesinstitut für Schule und Ausbildung
Mecklenburg-Vorpommern (L.I.S.A.)
Ellerried 5
19061 Schwerin
Tel.: 0385-76017-0, Fax: -711188
E-Mail: lisa@lisa-mv.de

Niedersachsen
Niedersächsisches Landesamt für Lehrer-
bildung und Schulentwicklung (NiLS)
Keßlerstr. 52
31134 Hildesheim
Tel.: 05121-1695-0, Fax: -1695-296
E-Mail: info@nils.nibis.de

Nordrhein-Westfalen
Landesinstitut für Schule/Qualitätsagentur
Paradieser Weg 64
59494 Soest
Tel.: 02921-683-1, Fax: -683-228
E-Mail: poststelle@mail.lfs.nrw.de

Rheinland-Pfalz
Erziehungswissenschaftliches Fort- und
Weiterbildungsinstitut der Evangelischen
Kirchen in Rheinland-Pfalz (EFWI)
Luitpoldstraße 8
76829 Landau
Tel.: 06341-20043 und 06341-20044
Fax: -88989
E-Mail:efwi@evkirchepfalz.de

Institut für Lehrerfort- und -weiterbildung (ILF)
Kötherhofstr. 4
55116 Mainz
Tel.: 06131-2845-0, Fax: -284525
E-Mail: ILF@ilf.bildung-rp.de

Institut für schulische Fortbildung und
schulpsychologische Beratung (IFB)
Butenschönstr. 2–4
67346 Speyer
Tel.: 06232-659-0, Fax: -659-110
E-Mail: zentrale@ifb.bildung-rp.de

Landesmedienzentrum Rheinland-Pfalz (LMZ)
Hofstraße 257c
56077 Koblenz
Tel.: 0261-9702-0, Fax: -9702-200
E-Mail: lmz@lmz.bildung-rp.de

Pädagogisches Zentrum Rheinland-Pfalz
Europaplatz 7–9
55543 Bad Kreuznach
Tel.: 0671-84088-0, Fax: -84088-10
E-Mail: pz@pz.bildung-rp.de

Saarland
Institut für Lehrerfort- und -weiterbildung
(ILF Saarbrücken)
Ursulinenstr. 67
66111 Saarbrücken
Tel.: 0681-685765-0, Fax: -685765-9
E-Mail: info@ilf-saarbruecken.de

Landesinstitut für Pädagogik
und Medien (LPM)
Beethovenstraße 26
66125 Saarbrücken
Tel.: 06897-7908-0, Fax: -7908-122
E-Mail: lpm@lpm.uni-sb.de

Sachsen
Sächsische Akademie für Lehrerfortbildung
Siebeneichener Schloßberg 2
01662 Meißen
Tel.: 03521-4127-0, Fax: -4127-60
E-Mail: Kontakt@salf.smk.sachsen.de

Sächsisches Staatsinstitut für Bildung und
Schulentwicklung – Comenius-Institut
Dresdner Straße 78 c
01445 Radebeul
Tel.: 0351-832430, Fax: -8324412
E-Mail: kontakt@ci.smk.sachsen.de

Sachsen-Anhalt
Landesinstitut für Lehrerfortbildung, Lehrer-
weiterbildung und Unterrichtsforschung von
Sachsen-Anhalt (LISA)
Riebeckplatz 9
06110 Halle (Saale)
Tel.: 0345-2042-0, Fax: -2042-319
E-Mail: info@lisa-halle.de

Schleswig-Holstein
Institut für Qualitätsentwicklung an Schulen,
Schleswig-Holstein (IQSH)
Schreberweg 5
24119 Kronshagen
Tel.: 0431-5403-0, Fax: -5403-200
E-Mail: iqsh@iqsh.de

Thüringen
Thüringer Institut für Lehrerfortbildung,
Lehrplanentwicklung und Medien (ThILLM)
Heinrich-Heine-Allee 2–4
99438 Bad Berka
Tel.: 036458-56-0, Fax: -56-125
E-Mail: Institut@thillm.thueringen.de

Gewerkschaften, Verbände

GEW und VBE

GEW (Gewerkschaft Erziehung
und Wissenschaft)

Bundesverband
Reifenberger Straße 21
60489 Frankfurt
Tel.: 069-78973-0, Fax: -78973–201
www.gew.de

VBE (Verband Bildung
und Erziehung e. V.)

Bundesgeschäftsstelle
Behrenstraße 23/24
10117 Berlin
Tel.: 030-7261966-0, Fax: -7261966-19
www.vbe.de

K

L

M

N

O

P

R

S

T

U

V

W

Z

Rob Abernathy, Mark Reardon:
**Interesse wach halten! Tipps
und Tricks für gute Stunden.**
Verlag an der Ruhr, 2003.
ISBN 3-86072-778-8

Tricia Armstrong:
**Basiskompetenzen für
problemorientiertes Lernen.**
Ein systematisches Konzentra-
tions- und Denktraining.
Verlag an der Ruhr, 2005.
ISBN 3-86072-978-0

Ellen Arnold:
**Jetzt versteh' ich das! Bessere
Lernerfolge durch Förderung der
verschiedenen Lerntypen.**
Verlag an der Ruhr, 2000.
ISBN 3-86072-587-4

Eva und Hans-Joachim Blum:
**Der Klassenrat.
Ziele, Vorteile, Organisation.**
Verlag an der Ruhr, 2006.
ISBN 3-8346-0060-1

Gerd und Kira Brenner:
**Fundgrube Methoden I.
Für alle Fächer.**
Cornelsen Verlag Scriptor, 2005.
ISBN 3-589-22149-6

Shirley-Dale Easley, Kay Mitchell:
**Arbeiten mit Portfolios.
Schüler fordern, fördern und
fair beurteilen.**
Verlag an der Ruhr, 2004.
ISBN 3-86072-869-5

Gerhard Eikenbusch:
**Praxishandbuch
Schulentwicklung.**
Cornelsen Verlag Scriptor, 1998.
ISBN 3-589-21106-7

Renée Heiss:
**Feng Shui im Klassenraum. Ord-
nung, Klarheit, Konzentration.**
Verlag an der Ruhr, 2005.
ISBN 3-8346-0020-0

Wolfgang Hund:
Der Elternabend.
Verlag an der Ruhr, 1999.
ISBN 3-86072-460-6

Wolfgang Kindler:
**Man muss kein Held sein –
aber ...! Verhaltenstipps für
Lehrer in Konfliktsituationen
und bei Mobbing.**
Verlag an der Ruhr, 2006.
ISBN 3-8346-0064-4

Kerstin Klein:
**KlassenlehrerIn sein.
Das Handbuch. Strategien,
Tipps, Praxishilfen.**
Verlag an der Ruhr, 2006.
ISBN 3-8346-0154-3

Kerstin Klein:
**So erklär' ich das!
60 Methoden für produktive
Arbeit in der Klasse.**
Verlag an der Ruhr, 2002.
ISBN 3-86072-733-8

Jonas Lanig:
Wandertage und Klassenfahrten ohne Stress. 50 Ideen und Projekte für sinnvolle Ausflüge und Exkursionen.
Verlag an der Ruhr, 2005.
ISBN 3-8346-0023-7

Jonas Lanig:
Gegen Chaos und Disziplinschwierigkeiten. Eigenverantwortung in der Klasse fördern. 30 Tipps und Strategien.
Verlag an der Ruhr, 2004.
ISBN 3-86072-916-0

Allen N. Mendler:
Uninteressierte Schüler motivieren.
Verlag an der Ruhr, 2003.
ISBN 3-86072-777-X

Hilbert Meyer:
Leitfaden zur Unterrichtsvorbereitung. Cornelsen Verlag Scriptor, 1999. ISBN 3-589-20969-0

Holger Mittelstädt:
Organisationshilfen für den Schulalltag. Checklisten, Tabellen und Briefvorlagen auf Papier und CD.
Verlag an der Ruhr, 2004.
ISBN 3-86072-915-2

T. W. Phelan, S. J. Schonour:
Die 1-2-3-Methode für Lehrer. Konsequent zum Lernen motivieren und Störungen vermeiden.
Verlag an der Ruhr, 2005.
ISBN 3-86072-974-8

Peter Ryan:
Aufmerksamkeit trainieren.
Verlag an der Ruhr, 2002.
ISBN 3-86072-750-8

Edgar Schmidt, Catherine Walker:
Leistungstests als Lernhilfen. Tipps und Konzeptionsideen.
Verlag an der Ruhr, 2005.
ISBN 3-86072-975-6

Rosetta Scianna:
Bewertung im Offenen Unterricht. Leistungsbeurteilung als Förderinstrument.
Verlag an der Ruhr, 2004.
ISBN 3-86072-861-X

Erste Sudokus für die Sekundarstufe. Logikrätsel zum Kombinieren und Konzentrieren.
Verlag an der Ruhr, 2005.
ISBN 3-8346-0058-X

Arthur Thömmes:
Produktive Unterrichtseinstiege. 100 motivierende Methoden für die Sekundarstufen.
Verlag an der Ruhr, 2005.
ISBN 3-8346-0022-9

Annette Weber:
K.L.A.R. Merkt doch keiner, wenn ich schwänze.
Verlag an der Ruhr, 2005.
ISBN 3-8346-0037-7

www.bildungsserver.de
Informationen zu allen Bereichen der Bildung in Deutschland

www.innolino.de
Software zur einfachen Erstellung, Verwaltung und Aktualisierung von Homepages

http://news.google.de
Nachrichtensuche im Internet

www.paperball.de
Nachrichtensuche im Internet

www.zeit.de/2004/37/B-Glossar_Schule
Informationen zur Schulentwicklung in Deutschland

www.Das-macht-Schule.de
Evaluationsinstrument der
Bertelsmann-Stiftung

www.namenmerken.de
Programm zum
Gedächtnistraining

www.schulbericht.de
Erstellung von verbalen
Beurteilungen

www.konfliktlotsen.de
Informationen zum
Konfliktlotsen-Projekt
(Streitschlichtung)

www.lehrer-online.de
Neue Medien in Schule und Unterricht

www.schamari.de
Mein „Lieblings"-Weingut